삶과 명상

삶과 명상
365일 깨달음의 잠언집

초판 1쇄 발행 2024년 7월 19일

지은이 오양용
펴낸이 장길수
펴낸곳 지식과감성#
출판등록 제2012-000081호

교정 이주희
디자인 오정은
편집 오정은
검수 김나현, 이현
마케팅 김윤길, 정은혜

주소 서울시 금천구 벚꽃로298 대륭포스트타워6차 1212호
전화 070-4651-3730~4
팩스 070-4325-7006
이메일 ksbookup@naver.com
홈페이지 www.knsbookup.com

도서구입문의 : 010-8672-8992

ISBN 979-11-392-1990-6(03800)
값 15,000원

- 이 책의 판권은 지은이에게 있습니다.
- 이 책 내용의 전부 또는 일부를 재사용하려면 반드시 지은이의 서면 동의를 받아야 합니다.
- 내용에 대한 저작권은 저자가 직접 확인한 내용이며 책임은 저자에게 있습니다.
- 잘못된 책은 구입하신 곳에서 바꾸어 드립니다.

지식과감성#
홈페이지 바로가기

365일 깨달음의 잠언집

삶과 명상

명상은 깨어 있는
존재의 꽃이다
명상은 어떤 종파의
전유물이 될 수도 없다
존재하는 모든 것은
명상을 통해 자신을
마음껏 꽃피울 수 있다

법정 스님

오양용 엮음

지식과감정

어제도 내일도 아닌
바로 지금 여기에서
내가 내 삶을
나답게 살아 갑시다

홍쑈
오양용두손모아

추 천 사

　우리의 삶이란 만남과 헤어짐의 연속입니다. 이 속에서 즐거움과 고통, 탐욕과 성냄, 사랑과 미움이 있습니다. 여기서 우리는 고통과 미움, 즐거움이 왜 일어나는지 그 이유를 알려면 만남과 헤어짐의 진정한 의미를 꿰뚫어 보아야 합니다.

　그렇게 하면 우리의 만남과 헤어짐은 곧 인연 관계의 흐름이며 삶의 모든 현상임을 알게 됩니다. 또한 삶과 죽음을 비롯한 모든 존재의 비밀을 알게 됨으로써 모든 속박과 괴로움에서 벗어날 수 있습니다. 이와 같이 인연 관계를 꿰뚫어 아는 방법이 바로 명상이며 수행입니다.

　이 시대에 현공법사가 엮어 낸 365일 깨달음의 잠언집 『삶과 명상』은 동서고금의 수많은 경전과 선지식들의 위대한 가르침을 통해 우리가 어떠한 마음으로 어떻게 살아가는 것이 참다운 삶인가를 극명하게 제시하고 있습니다.

모든 분들이 이 한 권의 책과 함께하면서 지혜와 자비광명이 충만한 가운데 순간순간 나날이 맑고 빛나는 삶을 영위하시기를 축원합니다.

2024년 6월
보리마을 자비선 명상원 선원장
원허 지운 **圓虛 智雲** 합장

머 리 글

공직 생활을 마치고 재가자로 불교에 입문하여 여러 교학과 경전 공부, 참선과 명상 수행 그리고 국내외 성지 순례 등 지혜 증득과 자비 실천을 위한 신행 활동들을 수행하여 왔습니다.

최근 2년 전부터는 우리들 삶 속에서 이 시대가 요구하는 참다운 가르침이 무엇인가를 통찰하면서 적요한 경전 문구와 선지식들의 법어들을 발굴·취합하고 정리·선별하여 인연 된 분들과 카톡과 문자 메시지를 통해 소통하고 공감하며 지내 왔습니다.

그런데 최근 들어 함께하신 많은 분들께서 그 귀중한 자료들을 책자로 만들어 줄 것을 간곡히 요청해 오셨습니다. 책자로 만들어질 경우, 보다 많은 독자들이 언제 어디서나 수지독송하고 그 내용들을 체득하는 데 유용하게 활용될 수 있겠다는 일념으로 다소 미흡하고 부족함에도 불구하고 용기를 내어 잠언집 형식의 단행본으로 출간하게 되었습니다.

본 책자의 365일 잠언집 구성은 동서고금의 경전과 선지식들의 가르침이 335편으로 대부분을 차지하고 있으며 문구마다 독창적인 제목을 부여함으로써 한눈에 내용 파악이 가능하도록 하였습니다. 그 외에도 선시禪詩 등 교훈적 가치가 있는 내용이면 모두를 망라하였습니다.

 뿐만 아니라 틱낫한 스님의 잠언집 『너는 이미 기적이다』 법정 스님의 잠언집 『살아 있는 것은 다 행복하라』 법상 스님의 잠언집 『눈부신 오늘』 등 21세기에 주목받고 있는 세 분 스님의 잠언집 중 가장 핵심적인 내용만을 발췌, 요약하여 수록하였습니다. 이에 명상을 비롯한 붓다의 가르침과 불교 철학 등 깨달음과 연관된 모두를 집대성하고 있다는 점에서 자못 의미가 크다고 하겠습니다.

 본 책자의 핵심 주제는 깨달음, 명상, 삶, 행복, 진리, 인간, 인생, 자유, 평등, 평화, 자연, 우주, 해탈, 지혜, 공덕, 수행 등으로 요약될 수 있습니다. 그러면서도 빈틈없는 자유, 자연의 무심, 궁극의 삶, 하늘 냄새, 꽃과 쓰레기, 깨달음의 씨앗, 영혼의 순결 등 승화된 언어적 구사와 간결하고도 짤막한 표현 방식으로 놀랍도록 신비로운 감동을 주고 있습니다.

또한 "조약돌처럼 쉬게 하라, 가슴을 열어라, 현재에 깨어 있어라, 순간에 집중하라, 산처럼 앉아라, 풍성하게 존재하라" 등 직설적이면서도 명령어 조의 언사로써 독자들을 시종 생동감 있고 박진감 넘치는 분위기로 몰입시키고 있습니다.

특히 지운 스님의 선시禪詩(33편)는 우리의 감정과 생각들의 영역을 자유롭게 하고 존재의 근원을 꿰뚫어 보게 하여 기쁨과 지혜를 가지게 합니다. 그러므로 해가 뜨면 눈이 녹는 이치와 같습니다.

아무쪼록 이 작은 책 한 권을 통해 힘들고 고달픈 세상살이에 위로받고 평안해질 수 있다면 더할 나위 없이 고맙겠습니다.
그리고 더 나아가 수십억 겁의 세월 속에서 오직 단 한 번밖에 없는 유일한 존재인 내가 과거와 미래가 아닌 바로 지금 여기에서 진정으로 나답게 당당하게 살아갈 수 있는 획기적인 전기가 마련되고 더욱 평화롭고 행복하시기를 간절히 기원드립니다.

함께 소중한 인연이 되어 진심으로 감사드립니다.

2024년 새봄
엮은이 현공 오양용 합장

해탈시	머물러 있지 마라
내 마음의 그림자	현재에 있어라
빛과 소리	순수한 마음
인생의 주인공	생각은 가짜
깨달음이 길	마음 지켜보기
도를 얻는 것	순간에 집중하라
자신의 빛	끊임없는 성찰
영혼의 탐구	행복의 씨앗
가슴 안으로	산은 산이요
순간순간 변해	온갖 기적
조화의 씨앗	지극한 마음
수행자의 삶	짧은 평화
자신과 마주하라	먼 꿈을 바라보며
침묵이 강하게 만들어 준다	산처럼 앉아라
조약돌처럼	나는 반항한다

빛나는 삶
평등한 마음
침묵의 존재 양식
물은 강하다
덧없음
삶의 길
간절히 물어라
한결같은 마음
꽃 한 송이
최상의 행복
이미 완벽하다
내면을 인식
아름다운 마무리
모두가 다 빈 것
걷기 명상

보살의 수행
전 우주를 사랑
인내하는 마음
나눔의 삶
생사의 밤길
전 우주의 역사
영혼을 매료
긍정적인 삶
가장 중요한 일
사랑의 근원
자기 질서를 가져라
지켜보라
깨달음이란
왜 수행하는가
언제쯤 드러나나

1

해탈시

삶이란 한 조각 구름이
일어남이요

죽음이란 한 조각 구름이
스러짐이다

구름은 본시
실체가 없는 것

낳고 죽고 오고 감이
모두 그와 같도다

生也一片浮雲起
死也一片浮雲滅
浮雲自體本無實
生死去來亦如然

서산대사

2

내 마음의 그림자

시간 공간 만물들이
내 마음의 그림자이다

잘된다고 기뻐하지 말고
어렵다고 슬퍼하지 말라

천상이나 지옥도
내 마음의 그림자이다

내 마음이 바로 서면
온 세상이 바로 선다

청담 큰스님

3

빛과 소리

명상하라
그 힘으로 삶을 다지라

명상은 마음을 열고
귀 기울이고 바라봄이다

이 생각 저 생각으로
들끓는 번뇌를 내려놓고

빛과 소리에 무심히
마음을 열고 있으면

잔잔한 평안과 기쁨이
그 안에 있다

법정 스님

4

인생의 주인공

내일이 아니라
바로 지금 여기에서
시간의 주인이 되어

인생의 주인공으로 사는
지혜를 배우는 것이
명상입니다

마가 스님

5

깨달음이 길

행복으로 가는 길은 없다
행복이 곧 길이다

깨달음으로 가는 길은 없다
깨달음이 곧 길이다

침묵은 말을 하지 않거나
어떠한 행동도 하지 않는 것을
뜻하지 않는다

그것은 네 속에
어지러운 말이 없을 뿐이다

틱낫한 스님

6

도를 얻는 것

보시를 생각하기에
환희하고

환희하기에 마음이
하나가 되며

하나 된 마음으로
생멸이 무상함을 관하고

생멸이 무상함을 관하기
때문에 도를 얻는 것이다

대지도론

7

자신의 빛

나 자신으로 살지 못하면
그 누구로도 살지 못한다

나 자신이 되지 못하면
그 누구도 될 수 없다

나 자신을 버리고
다른 누구처럼
살고자 하지 말라

나 자신의 빛을 잃으면
전부를 잃는 것이다

법상 스님

8

영혼의 탐구

그대 자신의 영혼을 탐구하라
다른 누구에게도 의지하지 말고
오직 그대 혼자 힘으로 하라

그대 여정에 다른 이들이
끼어들지 못하게 하라

이 길은 그대만의 길이요
그대 혼자 가야 할 길임을 명심하라

비록 다른 이들과 함께
걸을 수는 있으나

어느 누구도 그대가 선택한 길을
대신 가 줄 수는 없음을 알라

인디언 속담

9

가슴 안으로

가슴을 열어라

세상의 모든 가능성을 향해
활짝 문을 열어 놓으라

그 어떤 대상을 향해서도
문을 닫지 말라

모든 것이 가슴 안으로
가득 파도쳐 오도록 하라

법상 스님

10

순간순간 변해

지난 것을 쫓아가지 마라
오지 않는 것도 바라지 마라

과거는 이미 지나 버렸고
미래는 아직 오지 않았다

그리고 현재도
순간순간 변해 가고 있다

그러므로 지금 현재를
잘 살도록 노력하고
만족할 때 행복해진다

중부 경전

11

조화의 씨앗

들숨과 날숨에 집중하면
자연스럽게 생각을 멈출 수 있다

그렇게 1~2분쯤 연습을 계속하면
더 깊고 천천히 더 평안하고
조화롭게 호흡이 바뀔 것이다

마음을 모아 숨 쉬는 것만으로도
우리는 평화와 조화의 씨앗을
우리 몸에 심는다

틱낫한 스님

12

수행자의 삶

진정으로 나에게는
기쁨도 없고 슬픔도 없네

홀로 고요히 앉아 있을 때
불만족에 휩싸이지 않는다네

기쁨은 슬퍼하는 사람에게 따라오고
슬픔은 기뻐하는 사람에게 따라오네

수행자는 기쁨도 없고
슬픔도 없다네

쌍윳따 니까야

13

자신과 마주하라

지켜보라
허리를 꼿꼿이 펴고 조용히 앉아
끝없이 움직이는 생각들을

강물이 흘러가듯
그저 지켜보기만 하라
그리고 모든 것을 받아들이라

그 받아들임 안에서
어디에도 물들지 않는
본래의 자기 자신과 마주하라

법정 스님

14

침묵이 강하게 만들어 준다

별들이 당신의 슬픔을
가져갈 수도 있다

꽃들이 당신의 마음을 아름다움으로
가득 채울 수도 있다

희망이 당신의 눈물을
씻어 줄 수도 있다

하지만 무엇보다도 중요한 것은
침묵이 당신을 강하게
만들어 줄 수 있다는 것이다

댄 조지 추장

15

조약돌처럼

부디 명상 수행을 할 때
어떠한 노력도 하지 마라

자신을 쉬고 있는 조약돌처럼
그냥 있게 놔두어라

조약돌은 강바닥에서 편히 쉬고 있다
아무 일도 하지 않는다

지금 우리는 걸으면서 쉬고 있다
앉아서 쉬고 있다

틱낫한 스님

16

머물러 있지 마라

어디에도 머물러 있지 마라
몸도 마음도 변하며
사랑도 미움도 변한다

사상이나 견해도 변하고
욕구나 욕심도 변한다

명예나 권력 지위도
언젠가는 변하고 만다

변화는 자연스러운 것이며
아름다운 법계 본연의 모습이다
바로 그것을 받아들이라

무상의 진리

17

현재에 있어라

생각은 언제나
과거나 미래를 대상으로 일어난다

과거나 미래는
꿈과 같이 있는 것처럼 보일 뿐
실존일 수는 없다

반면 이 순간 여기라는 현재는
생각이 아니라 바로 實在(現在)이다

그러므로 현재에, 깨어 있을 때
저절로 無心의 꽃이 핀다

법상 스님

18

순수한 마음

오늘은 어제의 생각에서 비롯되었고
현재의 생각은 내일의 삶을 만들어 간다

삶은 이 마음이
만들어 내는 것이니

순수한 마음으로
말과 행동을 하게 되면
기쁨은 그를 따른다

그림자가 물체를 따르듯

법구경

19

생각은 가짜

생각이 만들어 낸 고통에 속지 말라
그것은 가짜다

우리는 일어나는 생각에 끌려 다니면서
고통스러워하고 있다

이제는 생각이 일어날 때
다만 지켜보고 관찰하되
그저 내버려두어라

그러면 생각은 더 이상
우리를 괴롭히지 못한다

법상 스님

20

마음 지켜보기

온화하고 열린 태도로
마음을 지켜보는 것은

마음을 안정되고 편안하게
쉬게 해 준다

그러나 마음을 통제하고자 하는 것
즉 명상이 진전되도록 애쓰는 것은

더 많이 동요하고
고통받도록 휘젓는 일이다

구나라타나 스님

21

순간에 집중하라

걱정과 불안과 망상에
한눈팔지 말고
마음을 호흡에 집중하라

온전히 지금 하고 있는
일에 집중하라

온갖 생각과 함께
방황하지 말고

지금 이 순간
하는 일에 집중하라

틱낫한 스님

22

끊임없는 성찰

귀 기울여 듣고
깊은 이해심으로
끊임없이 성찰할 것이며

명상을 통해 얻은 통찰을
삶에서 행동으로 옮겨야 한다

이것으로써 마침내
삶의 불안에서 나를 지켜 내고

고요한 바다 같은
참자유를 얻을 수 있으리라

티벳 스승의 지혜

23

행복의 씨앗

우리는 우선 작은 것으로도
만족할 줄 알아야 한다

인간의 행복은 큰 데 있지 않다
지극히 사소하고 일상적인 데 있다

아침 햇살에 빛나는 자작나무 잎에도
행복은 깃들어 있고

벼랑 위에 피어 있는
한 무더기 진달래꽃을 통해서도
정신적인 양식을 얻을 수 있다

지극히 사소하고 일상적인 것 속에
행복의 씨앗이 들어 있다
빈 마음으로 그것을 느낄 수 있어야 한다

법정 스님

24

산은 산이요

원각이 보조하니
적과 멸이 둘이 아니다

보이는 것은 관음이요
들리는 것은 묘음이니

보고 듣는 것밖에
진리가 따로 없으니
시회대중은 알겠는가

산은 산이요
물은 물이로다
山是山 水是水

성철 스님

25

온갖 기적

우리 주변에서
온갖 기적들로
생명이 피어난다

물 한 그릇, 햇살 한 줄기,
나뭇잎 한 장, 꽃, 웃음,
깨어 있으면 어디서든 쉽게
기적을 볼 수 있다

일상의 고된 일과로
이런 기적들이 눈에 들어오지 않지만
그래도 그것들은 늘 거기 그렇게 있다

틱낫한 스님

26

지극한 마음

도를 구하고자 하면
모름지기 정성을 다하라

정성이 서로 감응하면
능히 도를 얻는다

그러므로 수행자는
지극한 마음으로 하라

지극한 마음으로 하면
반드시 구한 바를 얻는다

잡보장경

27

짧은 평화

과거의 기억들로
오늘을 판단하거나
과거의 색안경으로
지금 이 순간을 평가하지 말라

무심無心의 순간을
조금씩 늘려 보라

생각을 놓는 순간
우리 마음은
짧은 평화를 경험한다

법상 스님

28

먼 꿈을 바라보며

아름다운 꿈을 지녀라
그러면 때 묻은 오늘의
현실이 순화되고 정화될 수 있다

먼 꿈을 바라보며 하루하루
그 마음에 끼는 때를 씻어
나가는 것이 곧 생활이다

그것이 생활의 고난을
이기고 나아가는 힘이다
이것이야말로 나의
싸움이며 기쁨이다

라이너 마리아 릴케

29

산처럼 앉아라

한 그루 나무가
한 그루 나무로서 존재하는 그곳에
희망이 있고 기쁨이 있다
네가 너로서 존재하는 것이 곧 행동이다

우리는 자기 아닌
다른 누구가 될 수도 없고 될 필요도 없다
존재 자체가 이미 기적이다

산처럼 앉아라
어떤 바람도 산을 넘어뜨리지 못하나니
산처럼 앉아 현재 이 순간을
온전히 알아차려야 한다

틱낫한 스님

30

나는 반항한다

세상이 부조리하지만
그렇다고 세상과 인생을
포기해서는 안 된다

부조리를 응시하며
부조리한 세계에
반항해야 한다

나는 반항한다 그러므로
우리는 존재한다

알베르 카뮈

31

빛나는 삶

매 순간 피어나는 삶은
모두 아름답고 좋으며 사랑스럽다

당신 자신 또한
눈부시게 빛난다
그 온전하고도 빛나는 삶을
최대한으로 즐기며 만끽해 보라

나 자신을, 그리고
나와 인연 된 모든 이들을
찬탄하고 축복해 주라

법상 스님

32

평등한 마음

일체 중생이
행복과 행복 원인 갖게 하소서

일체 중생이
고통과 고통 원인 벗어나게 하소서

일체 중생이
고통 없는 행복 속에 머물게 하소서

일체 중생이
미움 없이 평등한 마음에 머물게 하소서

티벳 수행승

33

침묵의 존재 양식

침묵은 모든 삼라만상의
기본적인 존재 양식이다

나무든 짐승이든 사람이든
그 배경엔 늘 침묵이 있다

침묵을 바탕으로 해서
거기서 움이 트고 잎이 피고
꽃과 열매가 맺는다

온갖 소음으로부터
우리 영혼을 지키려면
침묵의 의미를 몸에 익혀야 한다

법정 스님

34

물은 강하다

가장 으뜸가는 처세술은
물의 모양을 본받는 것이다

강한 사람이 되고자 한다면
물처럼 되어야 한다
장애물이 없으면 물은 흐른다

네모진 그릇에 담으면 네모가 되고
둥근 그릇에 담으면 둥글게 된다

그토록 겸양하기 때문에
물은 무엇보다 필요하고
또한 무엇보다 강하다

노자

35

덧없음

자연의 속성을 관찰할 때
모든 것의 덧없음(無常)을 보게 된다
그 무엇도 영원한 것은 없다

우리 몸도 절대적이고 영구적인 실체도 없다
그러나 우리는 자기 안에
그 무엇이 있다고 믿는다

자기 안에 덧없음을 깨칠 때
비로소 우리는 고통에서
벗어날 수 있다

틱낫한 스님

36

삶의 길

깨어 있음이
곧 삶의 길이다

어리석은 제자는
죽은 사람처럼 잠을 자는데
스승은 깨어 있어
영원히 산다
그는 지켜본다
그는 밝고 맑다

그는 끈기와 인내로
알아차림 속에서
자유와 행복을 누리며
앞으로 나아간다

법구경

37

간절히 물어라

나는 누구인가 스스로 물으라
자신의 속 얼굴이 드러나 보일 때까지

묻고 또 물어야 한다
건성으로 묻지 말고
목소리 속의 목소리로

귀속의 귀에 대고
간절하게 물어야 한다

해답은 그 물음 속에 있다

법정 스님

38

한결같은 마음

게으름은 더러움에
이르는 길이요

정진은 깨끗함에
이르는 길이다

방일은 마음을 어지럽게
하는 길이요

한결같은 마음은
고요에 이르는 길이다

불설문수사리정률경

39

꽃 한 송이

우리는 저마다 인류라는 꽃밭에 피어난
기적의 꽃 한 송이다

우리 자신을 깊이 들여다보면
모든 것이 우리 안에 들어 있음을 보게 된다

모두가 하나 안에 있다는 것이
불교의 깨달음이다

틱낫한 스님

40

최상의 행복

다른 이를 존경하고
스스로 겸손하며

만족할 줄 알고
은혜를 생각하며

시간이 있을 때면
가르침을 들어라

이것이 인간에게
최상의 행복이다

대길상경

41

이미 완벽하다

우리는 지금 이대로
이미 완벽하고 이미 깨달아 있다
이 사실을 진실로 받아들이라

이미 완벽하고 완성되어 있다면
더 이상 필요한 것도
구할 것도 없으니

오직 만족과 감사만이 있고
사랑만이 드러난다

법상 스님

42

내면을 인식

지금 이 순간 내 안에서
무슨 일이 일어나고 있는가?

자기 관찰을 통해
정신적 감정적 상태를 점검하십시오

외부에서 일어나는 일에
관심을 두는 만큼
자신의 내면에서 일어나는 일에도
관심을 가지십시오

내면을 올바로 인식하면
외부도 제자리를 찾을 것입니다

에크하르트 톨레

43

아름다운 마무리

삶의 순간순간이
아름다운 마무리이며
새로운 시작이어야 한다

아름다운 마무리는
지나간 모든 순간들과
기꺼이 작별하고

아직 오지 않는 순간들에 대해서는
미지 그대로 열어 둔 채
지금 이 순간을
받아들이는 일이다

아름다운 마무리는 끝이 아니라
새로운 시작이다

법정 스님

44

모두가 다 빈 것

어리석은 자가 성을 내는 것은
이치를 알지 못하기 때문이다

마음 위에 화를 더하지 말고
다만 귓전을 스치는 바람결로 여겨라

장점과 단점은 누구나 다 있고
따뜻하고 싸늘한 것은 곳곳이 같으니라

옳고 그름이란 본래 실상이 없어서
마침내는 모두가 다 빈 것이 되느니라

명심보감

45

걷기 명상

며칠만이라도
걷기 명상을 하면

내면에서 깊은 변화를 일으켜
삶의 매 순간 평화를 맛보게 될 것이다

평화롭게 웃을 것이고
온 우주에 그득한 보살들이
이 같은 웃음으로 보답할 것이다

우리 평화는 그렇게 깊다

틱낫한 스님

46

보살의 수행

선업의 재산을 쌓고자 하는
보살들에게

나를 괴롭게 하는 모든 것은
보물과 같다네

그러므로 모든 이에게
원한과 악의가 없는

인욕을 잘 닦는 것이
보살의 수행이라네

톡메 상보

47

전 우주를 사랑

사랑하라
타인을 사랑하기 전에
먼저 있는 그대로의
자신을 사랑하라

자신을 사랑하는 것은
남과의 비교를 내려놓고
자기다운 독자적인 삶을
살아가고 있는 것이다

자신을 사랑하는 것은
전 우주를 사랑하는 것이다

법상 스님

48

인내하는 마음

인내하는 마음이라 해서
무작정 견디고 억지로 웃으면서
참는 것을 말하는 것이 아닙니다

인내하는 마음은
어떤 상황이 오더라도
당장 반응을 보이는 대신에

곱씹고 냄새 맡고 바라보면서
마음을 열고 지금 일어나는 일을
지켜보는 마음입니다

페마 초드론

49

나눔의 삶

나눔의 삶을 살아야 한다

물질적인 것만이 아니고
따뜻한 말을 나눈다든가
일을 나눈다든가 아니면
시간을 함께 나눈다든가

그렇게 함으로써 나 자신이
더 풍요로워질 수 있다

나눔이란 누군가에게 끝없는
관심을 기울이는 일이다

법정 스님

50

생사의 밤길

잠 못 드는 사람에게
밤은 길어라

피곤한 사람에게
길은 멀어라

바른 법을 모르는
어리석은 사람에게
아아 생사의 밤길은 길고 멀어라

법구경

51

전 우주의 역사

과거 현재 미래 모든 것이
지금 이 순간에 동시에
일어나고 있다

지금 이 순간의 의식,
그것이 과거와 미래와 삶
전체를 결정짓는다

시공을 초월하는 전 우주의 역사를
우리는 지금 이 자리에서
나라는 삶을 통해 매 순간 쓰고 있다

법상 스님

52

영혼을 매료

미모의 아름다움은
눈만 즐겁게 하나

상냥한 태도는
영혼을 매료시킵니다

부드러움과 친절은
나약함과 절망의 징후들이 아니라

힘과 결단력의
표현입니다

칼릴 지브란

53

긍정적인 삶

어려운 때일수록
낙관적인 생활 태도를
갖는 것이 필요하다

어떤 명상 서적은

우주의 기운은 자력과 같아서
우리가 어두운 마음을 지니고 있으면
어두운 기운이 몰려온다고 한다

그러나 밝은 마음을 갖고
긍정적이고 낙관적으로 살면
밝은 기운이 밀려온다는 것이다

법정 스님

54

가장 중요한 일

가장 중요한 시간은
지금 이 순간

가장 중요한 사람은
곁에 있는 사람

가장 중요한 일은
곁에 있는 사람을
행복하게 하는 일이다

톨스토이

55

사랑의 근원

사랑의 근원은
우리 안에 깊이 있고
우리는 다른 사람들이
많은 행복을 깨닫도록 도울 수 있다

한 마디 말, 하나의 행위,
하나의 생각이

다른 사람의 고통을 줄이고
그 사람에게 기쁨을
가져올 수 있다

틱낫한 스님

56

자기 질서를 가져라

단순한 삶이
마음을 평온하게 하고
근원적인 눈을 뜨게 한다

단순한 삶을 이루려면
투철한 자기 억제와
자기 질서를 가져야 한다

그래서 될 수 있는 한 가려 가면서
적게 보고 적게 듣고 적게 입고
적게 먹어야 한다

그래야 인간이 성숙해지고
승화될 수 있다

법정 스님

57

지켜보라

화가 날 때는
억누르지도 말고
상대방을 향해 폭발하지도 말라

다만 화나는 현재의 마음을
또렷이 인식하며
충분히 지켜보라

느끼고 관찰하며 화를 낼 때
화는 놀라울 정도로 빠르게 흩어진다

법상 스님

58

깨달음이란

깨달음이란 무엇인가
깨닫겠다고 해서
깨달음에 이른 사람은 아무도 없다

깨달음은 굳이 말하자면
보름달처럼 떠오른 것이고
꽃향기처럼 풍겨 오는 것이다

그러니 깨닫기 위해 수행한다는 말은
옳지 않다

법정 스님

59

왜 수행하는가

부처님과 조사들은
본래 성불이고 본래부터
다 이루어져 있다고 말씀하시는데
왜 수행하는가

우리가 수행하는 것은
새삼스럽게 깨닫기 위해서가 아니라
그 깨달음을 온전히 드러내기 위해서다

마치 거울처럼 닦아야
본래부터 지니고 있는
그 빛을 발할 수 있는 것처럼

법정 스님

60

언제쯤 드러나나

그럼 깨달음이
드러날 때는 언제인가

우리들의 생각과 욕망이
비어 있을 때
깨달음을 기다리는 그 마음이
사라졌을 때
안팎으로 텅텅 비어 있을 때

이때 문득 눈부신 햇살이
내 안에서 찬란히 비쳐 나온다

법정 스님

중생을 건지기 위해
궁극의 삶
걱정을 놓아 버리기
홀로 겪는 명상 세계
연꽃 위의 물처럼
누리는 자
부모 은혜
신선한 24시간
친하게 따르리라
행복의 싹
청정하게 해 주리
경이롭고 아름답다
복은 스스로
무상과 무아
모든 존재가 행복하기를

말의 의미
일곱 가지
감사와 사랑
저마다 다른 꽃
무상의 빛
자아 득실
내가 산을 본다
인생은 짧다
삶을 바라보는 인식
이웃과 자비심
당신은 경이롭다
참다운 보살로
따뜻한 가슴
흘러가도록 두어라
사랑과 자비

현묘한 덕	청정한 본성
광활한 생명	서로의 관계
가장 고귀한 날	현실을 창조
영원한 품속	텅 빈 마음
공을 보는 습관	눈부신 햇살
현재에 깨어 있으라	지혜의 공덕
인생의 주인	해탈은 무엇인가
깨어 있는 마음	애정을 나타내라
마음을 비워야	풍요를 느껴 보라
우주적인 조화	성숙한 순간
명상으로 꽃피우다	너의 시간
대자연의 경이로움	부처의 가르침
네 운명	날마다 새롭게
절실한 사랑	윤회는 없다
자유로운 존재	고요한 물

61

중생을 건지기 위해

출가하여 수행자가 되는 것이
어찌 작은 일이랴

편하고 한가함을 구해서가 아니며
배불리 먹으려 하는 것도 아니며
명예나 재산을 구해서도 아니다

오로지 생사의 괴로움을 벗어나는 것이며
번뇌의 속박을 끊으려는 것이고

부처님의 지혜를 이으려는 것이며
끝없는 중생을 건지기 위해서이다

서산대사

62

궁극의 삶

어디를 가는가
모든 것이 여기 있는데

당신에게 자비와 이해
그리고 자유가 있다면

어디를 가든
극락을 경험하게 될 것이다

지금 이 순간 이곳이
바로 당신의 고향이며
궁극의 삶이 존재하는 곳이다

틱낫한 스님

걱정을 놓아 버리기

모든 걱정을 놓아 버리는 것은
수행을 통해 익혀지는 능력입니다

수행은 여러분의 짐이
얼마나 무겁든 간에 원할 때

언제나 내려놓을 수 있는
능력을 기르는 훈련입니다

놓아 버리는 방법을 알면
인생이 무겁지 않습니다

아잔브람

64

홀로 겪는 명상 세계

나무가 꽃을 피우고
열매 맺는 것도
자연의 섭리 같지만

그 안에는 홀로 겪는 명상 세계가 있어
생명의 신비인 꽃을 피우고
열매를 맺는 것이다

자신을 알고자 한다면
스스로를 지켜보라
지켜보는 일이 곧 명상이다

법정 스님

65

연꽃 위의 물처럼

성자의 삶을 사는 님은
어디에도 머무르지 않고

결코 사랑하거나
미워하지 않습니다

연꽃 위의 물이
더럽혀지지 못하듯

슬픔도 인색함도
그를 더럽히지 못합니다

숫타니 파타

66

누리는 자

구하는 자가 되지 말고
누리는 자가 되어라

구하는 자는 만족이 없고
계속해서 구하러 다닌다

반면에 누리는 자는
이미 있는 것을 그저 누릴 뿐이다

삶의 진리, 행복, 깨달음을 위한
특별한 비법은 없다

바로 지금 이렇게 존재하고 있는 우리 자신이
바로 '그것'이기 때문이다

법상 스님

67

부모 은혜

자식이 어버이를 봉양함에
감로처럼 맛있는 온갖 음식을
그 입에 공급하며

천상의 음악으로
그 귀를 즐겁게 해 드리며

최상의 아름다운 의복으로
그 몸을 빛내고

다시 죽는 날까지
어깨에 부모를 업고
두루 사해에 다닌다 하더라도

부모의 은혜를
다 갚을 수는 없다

불설효자경

68

신선한 24시간

아침에 눈뜨며
나는 웃음 짓네

새롭고 신선한
24시간이 내게 있네

나는 서원하네
매 순간을 충실히 살며

모든 존재를 자비의
눈으로 바라볼 것을

틱낫한 스님

69

친하게 따르리라

바른 법 보아
남에게 보시하고

인자한 마음으로
남의 이익 좋아하며

남을 이익 되게 하되
공평하게 하면

많은 사람이
친하게 따르리라

법구 비유경

70

행복의 싹

인간은 강물처럼 흐르는 존재이다
우리는 지금 이 자리에 있지만
끊임없이 흘러가고 늘 변하고 있다

그러므로 그 사람 내부에서
어떤 변화가 일어나는지는 아무도 모른다

우리는 함부로 남을 판단하고
비난하는 버릇을 버려야
우리 안에서 사랑의 능력이 자란다

이 사랑의 능력을 통해
생명과 행복의 싹이 움트게 된다

법정 스님

71

청정하게 해 주리

보살은 큰 자비심을 길러
모든 이웃을 구제하겠다는
원을 세우고 다짐한다

내가 그들의 덕을
완성시키지 않으면
누가 완성시켜 줄 것인가
내가 그들의 번뇌를
없애 주지 않으면
누가 없애 줄 것인가

내가 그들을 청정하게 해 주지 않으면
누가 청정하게 해 줄 것인가

화엄경

72

경이롭고 아름답다

지금 이 순간의 현실이
어떤 것이든 옳다,
그리고 아름답다고 말하라

과거의 수많은 잘못에 대해서도
지금 이 자리에서 괜찮다고 말하라

그리고 용서하라

삶의 매 순간은 그것 자체로
숭고하고 경이롭고 아름답다

법상 스님

73

복은 스스로

열매를 얻으려거든
씨를 뿌려라

선을 심으면
복을 얻게 되고

악을 심으면
재앙을 얻게 된다

씨를 심지 않고는
열매를 얻지 못하나니

그 마음을 올바르게 가지면
복은 스스로 돌아오게 될 것이다

건의경

74

무상과 무아

무상과 무아는
삶의 부정적 얼굴이 아니다

모든 것은 끊임없이 변화한다
이것이 무상이다
무상이 없으면 삶도 없다

모든 것이 서로 의존한다
이것이 무아다

서로 의존하지 않으면
무엇도 존재할 수 없다

틱낫한 스님

75

모든 존재가 행복하기를

나와 모든 존재가
안전하기를

나와 모든 존재가
건강하기를

나와 모든 존재가
편안하기를

나와 모든 존재가
행복하기를

자애 명상

76

말의 의미

입에 말이 적으면
어리석음이 지혜로 바뀐다

생각이 떠오른다고 해서
불쑥 말해 버리면
안에서 여무는 것이 없다

그렇기 때문에
그 내면은 비어 있다

말의 의미가 안에서 여물도록
꼭 필요한 말만 할 수 있어야 한다

법정 스님

77

일곱 가지

모든 중생에게는 피할 수 없는
일곱 가지가 있다

태어남, 늙음, 병듦, 죽음,
죄, 복, 인연이 그것이다
이 일곱 가지 일은 아무리
피하려 해도
마음대로 되지 않는다

법구 비유경

78

감사와 사랑

삶을 풍요롭고 행복하게
만들기 위한 강력한 언어는
감사와 사랑에 있다

자비와 사랑은 더 많이 표현될수록
더 큰 자비와 사랑으로 피어난다

숨을 들이쉬면서, 감사합니다
숨을 내쉬면서, 사랑합니다
라고 말하는 것이다

법상 스님

79

저마다 다른 꽃

일시에 똑같이 쏟아지는 그 비에
모든 크고 작은 나무들이
각각 비를 맞습니다

비록 한 땅에서 나고
한 비로 적시지마는
여러 가지 초목들이
각각 차별이 있습니다

같은 비를 맞고
같은 땅에서 자라도
저마다 다른 꽃 다른 열매를
만들어 냅니다

법화경

80

무상의 빛

흐르는 강물같이
우리 몸을 볼 줄 알아야 한다
우리 몸은 고정된 것이 아니라
항상 바뀐다

우리 몸의 모든 세포는
유유히 흐르는 강물의 한 방울과 같다

이 같은 무상함의 빛으로
자신을 볼 수 있도록
수행을 계속해야 한다

틱낫한 스님

81

자아 득실

무슨 일이든
자신을 개입시키면

곧 문제가 되고
성가신 일이 생긴다

주관적인
자아 득실을 버리면

곧 얽매임에서
벗어날 수 있다

성엄 스님

82

내가 산을 본다

산을 건성으로 바라보고 있으면
산은 그저 산일 뿐이다

그러나 마음을 활짝 열고
진정으로 바라보면
우리 자신도 문득 산이 된다

내가 정신없이 분주하게 살 때는
저만치서 산이 나를 보고 있지만
내 마음이 그윽하고 한가할 때는
내가 산을 바라본다

법정 스님

83

인생은 짧다

삶은 휩쓸려 가고
인생은 짧다

늙음에 다다른 이에게
피난처가 없네

죽음의 두려움을
알아차리고

행복으로 이끄는
생각, 말, 행동을 행하세

앙굿따라 니까야

84

삶을 바라보는 인식

우리는 나날이 행복한 삶보다는
문제가 있고 그 문제와 싸우며 사는 삶이
정상이라 여긴다

과연 그럴까? 그렇지 않다

삶은 아무런 문제가 없다
모든 것은 완전하며
넘치는 환희 사랑으로 가득 차 있다

핵심은 삶을 바라보는 인식과 의식에 있다

법상 스님

85

이웃과 자비심

이웃으로 인해
큰 자부심을 일으키고

자부심으로 인해
보리심을 내며

보리심으로 인해
깨달음을 이루나니

깨달음은
이웃과 자비심을
그 근본으로 삼는다

보원행원품

86

당신은 경이롭다

당신이 찾는 것은
이미 당신 안에 있습니다

당신은 지금 원하는 모습
그대로입니다

지금 그대로의 당신은
경이롭습니다

당신이 찾는 것은
이미 지금 이 순간 있습니다

당신의 깨달음도
바로 여기에 있습니다

틱낫한 스님

87

참다운 보살로

내일 행복하려고 하지 말고
오늘 이 순간순간을
행복하게 느끼는 사람이라야
내일도 행복한 사람이다

자신에게 주어진 상황에 맞게
언제나 적극적이고
긍정적인 마음으로
살아야 한다

어디에도 머물지 않고
고집하지 않는 마음으로
활활 발발하게 살아 보자
이 시대의 참다운 보살로

퇴휴 스님

88

따뜻한 가슴

우리가 죽지 않고
살아 있다는 사실에
고마워할 줄 알아야 한다

이 세상에 영원한 존재는
누구에게도 어디에도 없다
모두가 한때일 뿐이다

살아 있을 때 다른 존재들과
따뜻한 가슴을 나누어야 한다

법정 스님

89

흘러가도록 두어라

생각이나 감정은
그저 일어났다가 사라진다

물론 그중에 어떤 것은
머릿속을 맴돌며
쉽게 떠나지 않을 수도 있다

싫은 감정을 쫓으려고
애쓰면 애쓸수록
더욱 붙잡게 된다

무엇이든 내 마음에 다가오면
그것을 자비롭게 인정하고
흘러가도록 내버려두면 된다

페마 초드론

90

사랑과 자비

삶이란 끊임없이 이어지는
중립적인 경험의 연속이다

단지 삶을 경험할 뿐
죄를 짓고 처벌받는 것이 아니다

삶을 사랑하고 허용하며
받아들일 때 우리는 무한한
사랑과 자비를 경험한다

법상 스님

91

현묘한 덕

동방의 지혜인 老子는
그의 도덕경에서 말한다

자연은 만물을 낳아서 기른다
만물을 낳아 기르면서도
자기 소유로 삼지 않는다

스스로 일을 했으면서도
자기 능력을 뽐내지 않고
만물을 길러 주었지만
아무것도 거느리지 않는다

이것을 일러
현묘한 덕이라고 한다

노자

92

광활한 생명

우리는 자기 몸을
자기로 아는 버릇이 있다

내 몸이 곧 나라는 생각이
우리 안에 배어 있다

하지만 우리는 그저
우리 몸이기만 한 것이 아니라
그 이상이다

우리는 생명이다
생명은 몸보다, 개념보다, 마음보다
훨씬 크고 광활하다

틱낫한 스님

93

가장 고귀한 날

내 인생에서
가장 행복한 날은 언제인가
바로 오늘이다

내 삶에서
절정의 날은 언제인가
바로 오늘이다

내 생애에서
가장 고귀한 날은 언제인가
바로 오늘 지금 여기이다

벽암록

94

영원한 품속

산은 단순한 자연이 아니다
산은 곧 커다란 생명체요
시들지 않은 영원한 품속이다

산에는 꽃이 피고 지는 일만이 아니라
거기에는 詩가 있고 음악이 있고
사상이 있고 종교가 있다

인류의 위대한 사상이나 종교가
벽돌과 시멘트로 된 교실에서가 아니라
때 묻지 않은 자연의 숲속에서
움텄다는 사실을 상기할 필요가 있다

법정 스님

95

공을 보는 습관

공空을 보는 습관을
계발함으로써

실체가 존재한다고 보는
습관이 사라지고

모든 것은 실체가 없다는
견해를 익힘으로써

이 견해 자체도
나중에 사라집니다

입보리행론

96

현재에 깨어 있으라

큰 문제나 어려움이 생겼더라도
허둥지둥 해결책을
찾으려고 애쓰지 말라

그럴 때일수록 머리를 쉬게 하고
오직 현재의 순간에 깨어 있으라

그랬을 때, 과거 패턴의 대응이 아닌
전혀 새로운 차원의
객관적이며 전체적인
지혜의 대응이 나온다

법상 스님

97

인생의 주인

쓸데없는 생각에
왜 마음을 무겁게 하나

지난 일의 후회와 미래의 걱정은
무슨 소용 있는가

바로 이 순간 단순함에 머물러
고요하여라

이 순간을 지키면
인생의 주인이 되리라

딜고 켄체르 린포체

98

깨어 있는 마음

깨어 있는 마음이란

후회나 불안에 끌려다니거나
일과 걱정에 온 마음을 빼앗기지 않고

지금 이 순간에 온전히
머무는 것입니다

깨어 있는 마음은
사랑하는 사람들을
진정으로 볼 수 있게 하고
그들을 마음으로
받아들이도록 해 줍니다

틱낫한 스님

99

마음을 비워야

대나무는 속이 비었다
그리고 마디가 있다
그래서 저렇게
쭉쭉 뻗어 나갈 수가 있다

지금 그 시련은
마디가 생기기 위한 시련이다

더불어 그 시련을 통해
더욱 성장하기 위해서는
대나무 속처럼
마음을 비워 내야 한다

성철 스님

100

우주적인 조화

꽃이나 새는 자기 자신을
남과 비교하지 않는다

저마다 자기 특성을 마음껏 드러내면서
우주적인 조화를 이루고 있다

남과 비교하지 않고
자기 자신의 삶에 충실할 때
자신과 함께 순수하게 존재할 수 있다

누가 내 삶을 만들어 주는가
내가 내 삶을 만들어 갈 뿐이다

법정 스님

101

명상으로 꽃피우다

명상은 깨어 있는
존재의 꽃이다

명상은 어떤 종파의
전유물이 될 수도 없다

존재하는 모든 것은
명상을 통해 자신을
마음껏 꽃피울 수 있다

법정 스님

102

대자연의 경이로움

거센 파도에도 고요하고
평화로운 심해처럼

변화무쌍한 현실 속에서도
언제나 평온하라

변화를 즐기고
삶을 마음껏 창조하며
대자연의 경이로움을 찬탄하라

법상 스님

103

네 운명

네 믿음은 네 생각이 된다
네 생각은 네 말이 된다

네 말은 네 행동이 된다
네 행동은 네 습관이 된다

네 습관은 네 가치가 된다
네 가치는 네 운명이 된다

간디

104

절실한 사랑

우리가 사랑하는 사람이
언젠가 죽어야 하는 덧없는 존재임을 알면
더 많이 사랑하고 더 많이 아낄 것이다

덧없음은 우리 안팎에서 일어나는
모든 일과 모든 순간을 귀히 여기고
존중하는 법을 가르쳐 준다

덧없음(無常)은 마음 모아 명상할 때
더욱 절실한 사랑을 하게 된다

틱낫한 스님

105

자유로운 존재

자기를 진실로 마주하는 일은
생각처럼 쉬운 일이 아니다

자신 속에 쌓인
수천 겁의 카르마(업)는
치유해야 할 대상이다

작은 마음 씀씀이 하나하나에
정성과 사랑을 기울일 때

나는 자유로운 존재로
거듭날 수 있다

초감 트룽파

106

청정한 본성

인간의 궁극적 목표는 자유에 있다

물질이나 정신이나 종교로부터도
자유로워질 수 있어야 한다

어느 것에도 얽매이면
자주적인 인간 구실을 할 수 없다

일을 하되 얽매이지 말라는 것이다
얽매이면 그 일의 노예가 되어 버린다

얽매이지 않으려면
저마다 자신의 청정한 본성에
곧 지혜와 사랑에 가치 의식을 두어야 한다

법정 스님

107

서로의 관계

서로의 관계란 자신이 한 만큼
자신에게 돌아오는 것입니다

먼저 관심을 가져 주고
먼저 다가가고
먼저 공감하고
먼저 칭찬하고
먼저 웃으면

그 따뜻한 것들(마음)이
나에게 돌아옵니다

레이먼드 조

108

현실을 창조

나의 말과 행동과 생각은
아무리 작은 것일지라도
반드시 어떤 방식으로든
현실을 창조해 낸다

허공에서 흩어져
소멸되는 생각은 없다

더 중요한 사실은
아무리 사소한 것일지라도
우주 전체에 영향을 미친다

법상 스님

텅 빈 마음

차 색茶色이여
맑고 투명함이
거울 같고 허공 같구나

그 속
가고 옴 없고
더러움 깨끗함 없어
생각 끊어지네

장소 따라 비추나니
보이는 모습
각기 달라
텅 빈 마음 표현하네

지운 스님

110

눈부신 햇살

인생은 고통으로 가득 차 있다

하지만 파란 하늘, 눈부신 햇살,
아기 눈동자 같은 온갖 경이로
가득 차 있기도 하다

우리는 인생의 경이로움도
고루 맛보아야 한다

우리 안과 우리 둘레에
모든 곳과 모든 순간에
그것들이 있다

틱낫한 스님

111

지혜의 공덕

믿음은 보시가 되어 나타나서
마음에 인색함이 없게 하며

믿음은 능히 기쁨을 낳아
부처님의 가르침에 들어가게 하며

믿음은 능히
지혜의 공덕을 증가시키며

믿음은 능히
여래지에 반드시 이르게 한다

화엄경

112

해탈은 무엇인가

성인이 말씀하시기를
장애 속에서 해탈을 얻으라고 하셨다

한평생 세상을 살다 보면
무수한 장애물이 있다

해탈이란 무엇인가
장애물을 넘어서
안팎으로 자유로워진 상태
안팎으로 홀가분해진 상태
이것을 해탈이라 부른다

장애라는 것은
해탈에 이르는 디딤돌이고 발판이다
그런 장애가 없으면
해탈도 있을 수가 없다

법정 스님

113

애정을 나타내라

자녀들에게
애정을 나타내라

날마다 말해 주라
얼마나 그 애들을 사랑하고 있는지를

언제든지 모든 이들에게
애정을 나타내라

그리고 그대가 느끼는 바와 생각하는 바를
늘 애정을 가지고 나타내라

수자타

114

풍요를 느껴 보라

풍요로운 상태로 있어 보라
아주 작은 것에서도
풍요를 누려 보라

봄 햇살의 따스함을
마음껏 만끽해 보라

찬이 없는 밥 한 끼에서도
감사와 풍요를 느낄 수 있다

그렇게 풍요로운 상태로 있을 때
우리 삶에는 더 많은
풍요가 깃들 것이다

법상 스님

115

성숙한 순간

대상이 무엇이든
자비와 존중으로 대하라는
가르침을 잊지 마라

그 원칙에 따른다면
거울에 비치는 창피한 내 모습을
사랑하게 된다

그 모습을 인정하고 받아들임으로써
인생을 더 유연하고
용기 있게 살 것이다

그때야말로 우리가 진정으로
성숙해지는 순간이다

페마 초드론

116

너의 시간

지금 이 순간은 너의 시간이다
지금 네가 앉아 있는 자리는 네 자리다

바로 이 순간 이 자리에서
너는 깨달을 수 있다

이렇게 몇 달만 수행하면
끊임없이 새롭고 심오한
기쁨을 맛볼 것이다

틱낫한 스님

117

부처의 가르침

사람의 몸으로 태어나기 어렵고
태어나 오래 살기도 또한 어렵다

세상에서 부처님 만나기 어렵고
부처님 법을 듣기도 어렵네

모든 악을 짓지 않고
모든 선을 받들어 행해
스스로 그 마음을 깨끗이 하는 것

이것이 모든 부처님의 가르침이다

칠불통게

118

날마다 새롭게

지금 이 순간을 놓치지 마라
그리고 순간순간 자각하라

한눈팔지 말고 남의 말에
속지 말고 스스로 살피라

이런 순간들이 쌓여
한 생애를 이룬다

사는 일이 즐거워야 한다
날마다 새롭게 시작하라

법정 스님

119

윤회는 없다

대지와 같이 너그럽고
호수처럼 맑은 사람에게
윤회는 없다

바른 지혜로 깨달음의
절대 평화에 이른 사람은

마음이 잔잔하게 가라앉고
말과 행동도 아름답고 고요하다

법구경

120

고요한 물

숨을 들이쉬면서
나는 고요한 물이 됩니다
잔잔하고 깨끗한 호수

숨을 내쉬면서
내 마음과 주변의 모든 것들을
비추어 봅니다

들숨에 고요한 물
날숨에 비추어 봄

틱낫한 스님

자유롭게 살아가라
사랑하는 법을 배워라
배려이자 사랑
직선과 곡선
자비의 소리
실상을 보라
행동과 지혜
1분 수행
말이 없는 법
새날 새 아침
나 혼자만이라도
최대한 감동하라
자애와 진실
심오한 기쁨
중생을 이롭게 하라

생기 넘치는 삶
종교는 뛰어넘는 것
존귀한 삶이 있을 뿐
밤에도 빛난다
온전한 자유
애쓰지 마라
자연의 무심
연꽃을 피우듯
자신을 가두지 마라
끌려다니지 마라
영적 조상
해탈을 이루겠다
홀가분한 삶
자비의 마음
사랑하되 집착은 말라

두 가지 사는 법
참된 스승
슬기로운 자
모두가 한때일 뿐
모두 내려놓기
우주 전체를 구원
무소유
위대한 통찰
자비로써 해탈
진정한 만남
애정과 자비심
인과응보
용기와 지혜
꽃과 쓰레기
빈 공간

삶의 리듬
정의로운 사람
고마운 존재
열반이란
너의 화
튼튼한 섬
시장기 같은 외로움
진정한 수행자
순간을 느껴 보라
나를 사랑하라
즐거운 삶
마음을 한결같이
가슴속의 평화
더 큰 어려움도 극복
우주와 함께 춤을

121

자유롭게 살아가라

탄생과 죽음의
이 기나긴 여행길(생사윤회)에서

지친 나그네가 되는 것은
괴로운 일이니

그러므로 그대여
무지에 지친 나그네가 되지 마라

그리고 어느 한곳에
얽매이지도 말고

동서남북으로
그냥 자유롭게 살아가라

법구경

122

사랑하는 법을 배워라

봄이면 온갖 꽃들이 피어난다
네 가슴도 꽃피울 수 있다

세상을 향해 네 가슴을 열어 놓아라

누구에게나 사랑은 가능한 것
그러니 사랑을 겁내지 마라

지난날 사랑으로 인해 괴로웠다면
그 경험에서 사랑하는 법을 다시 배워라

틱낫한 스님

123

배려이자 사랑

용서는 단지 상처를 준 사람을
받아들이는 것만은 아닙니다

그를 향한 미움과 원망하는 마음을
스스로 놓아주는 것입니다

그러므로 용서는
자신에게 베푸는
가장 큰 배려이자 사랑입니다

달라이 라마

124

직선과 곡선

사람의 손이 빚어낸 문명은 직선이다
그러나 본래
자연은 곡선이다 인생의 길도 곡선이다

끝이 빤히 내다보인다면
무슨 살맛이 나겠는가
모르기 때문에 살맛이 나는 것이다

직선은 조급 냉혹 비정함이 특징이지만
곡선은 여유 인정 운치가 속성이다

주어진 상황에서 포기하지 않고
때로는 돌아가기도 하고
어정거리면서 살아가는
삶의 기술이 바로 곡선의 묘미다

법정 스님

125

자비의 소리

자비의 소리에는 하늘도
움직이는 힘이 있다

함께 괴로워하고 함께 울고
함께 기뻐하고 함께 웃는 곳에
모든 것을 함께 할 수 있는
영원한 평화가 있다

꽃을 보고 기뻐하는 것보다
꽃을 피워 놓고 남을 기쁘게 하는 마음
이것이 곧 자비의 마음씨다

청담 큰스님

126

실상을 보라

사는 것은 그냥 저절로
되는 것일 뿐이다

살려고 애쓰지 않아도
삶은 그냥 살아지게 되어 있다

살아지고 있는 지금의 현실이
실상이니 다른 것을 더 찾지 말라

판단은 이상이라는 허상에서 오지만
살아지는 삶은 법계 실상이니
허상을 붙잡지 말고 실상을 보라

법상 스님

127

행동과 지혜

지혜로운 이가 하는 일은
쌀로 밥을 짓는 것과 같고

어리석은 자가 하는 일은
모래로 밥을 짓는 것과 같다

수레의 두 바퀴처럼
행동과 지혜가 갖추어지면

새의 두 날개처럼
나에게 이롭고
남도 돕게 된다

원효대사

128

1분 수행

1분을 수행하면
알아차림의 에너지가
1분 동안 생성된다

그 에너지는 외부에서 오는 것이 아니라
우리 내부에서 발생한다

알아차림의 에너지는
우리를 지금 이곳에
오직 지금 이곳에만
있게 해 주는 에너지이다

틱낫한 스님

129

말이 없는 법

실행 없는 말은 천번 만번
해도 소용이 없다

아는 것이
천하를 덮을 정도라도

실천이 없는 사람은
털끝만큼의 가치도 없는
물건이 되는 것이다

참으로 아는 사람은
말이 없는 법이다

성철 스님

새날 새 아침

우리가 산다는 것은 무엇인가?
지금 바로 이 자리에서 이렇게 살아 있음이다

어제나 내일에 있는 것이 아니라
오늘 지금 이 자리에 있음이다

우리가 사람답게 산다는 것은
순간마다 새롭게 태어남을 뜻한다

우리가 어떻게 살 것인가를 알아차릴 때
죽음은 결코 삶과 낯설지 않다
우리는 죽음 없이는 살 수 없다

오늘이 어제의 연속이 아니라
새날이요 새 아침인 까닭이
바로 여기에 있다

법정 스님

131

나 혼자만이라도

미움 속에 살면서
미워하지 않음이여
내 삶은 더없이 행복하여라

사람들 서로서로
미워하는 그 속에서
나 혼자만이라도
미워하지 말고

바람처럼 물처럼
살아가자

법구경

132

최대한 감동하라

아무리 작고 사소한 기쁨이라도
최대한으로 느끼고 누리며 감동하라

큰 행복을 찾아 나서는 것은
지금은 행복하지 않음을
우주로 내보내는 것이고

작은 행복을 누리는 것은
무한한 행복을 불러들이는 것이다

작은 것에 행복하고 기뻐하는 습관이
더 큰 행복을 부른다

법상 스님

133

자애와 진실

자애로써
분노를 이기라

선으로써
악을 이기라

베풂으로써
인색한 자를 이기라

진실로써
거짓말쟁이를 이기라

담마빠다

134

심오한 기쁨

지금 이 순간은 너의 시간이다
지금 네가 앉아 있는 자리는 네 자리다

바로 이 순간 이 자리에서
너는 깨달을 수 있다

이렇게 몇 달만 수행하면
끊임없이 새롭고 심오한
기쁨을 맛볼 것이다

틱낫한 스님

135

중생을 이롭게 하라

언제나 일체중생
이롭게 하여

한량없는 모든 악업
떠나게 하고

중생들을
이롭게 하려고 하나니

그 마음은
조금도 헛되지 않네

대방광불화엄경

136

생기 넘치는 삶

무학無學이란 말이 있다
전혀 배우지 않았다는 뜻이 아니다
많이 배웠으면서도
배운 자취가 없음을 가리킴이다

지식이나 정보에 얽매이지 않은
자유롭고 생기 넘치는 삶이
소중하다는 말이다

지식이 인격과 단절될 때
지식인은 가짜요 위선자다
우리는 신념을 갖고
당당하게 살아야 할 인간이다

법정 스님

137

종교는 뛰어넘는 것

네덜란드 출신 명상 화가
프레데릭 프랑크는 말한다

진정한 예술은 예술이라는 것
너머에 있고

진리는 종교라는 울타리
밖에 있으며

사랑은 껴안는 행위
너머에 있다

배는 강을 건너라고 있는 것이고
종교는 그것을 뛰어넘으라고 있는 것이다

프레데릭 프랑크

138

존귀한 삶이 있을 뿐

스님은 깨달음을
얻으셨습니까?

깨달음을 얻은 사람은 없다
다만 깨어 있는 행위만 있을 뿐이다

스님은 참으로 위대하고
존귀하십니다

위대한 자도
존귀한 자도 없다

다만 위대한 삶
존귀한 삶이 있을 뿐이다

법상 스님

139

밤에도 빛난다

태양은 낮에 빛나고
달은 밤길에 은은하다

무사는 갑옷 속에서 빛나고
수행자는 명상 속에서 빛난다

그러나 저 깨달은 이는
낮에도 빛나고
밤에도 빛난다

법구경

140

온전한 자유

우리의 고통 대부분이
생각과 관념에서 생겨난다

만약 이 관념들로부터
자유로울 수 있다면
온갖 두려움과 걱정이 사라질 것이다

니르바나, 궁극의 실제 또는 하느님은
태어나지도 죽지도 않은 그 무엇이다
그것은 온전한 자유다

틱낫한 스님

141

애쓰지 마라

감당할 수 없을 정도의 많은 일을
벌리지 마라

사람들과 너무 가까이
지내지 마라

수행할 때
너무 조바심 내서 애쓰지 마라

탐심이 많고 맛에 탐착하면
행복을 가져오는
목표를 잃어버린다

테라가타

142

자연의 무심

고요하고 적적한 것은
자연의 본래 모습이다

달빛이 산방에 들어와
잠든 나를 깨운 것도
소리 없는 소리에 귀 기울이고
달의 숨소리를 듣고자 하는 것도
이 모두가 무심이다

바람이 불고 꽃이 피었다가 지고
구름이 일고 안개가 피어오르고
강물이 얼었다가 풀리는 것도
또한 자연의 무심이다

자연은 우리 인간에게
영원한 어머니일 뿐 아니라 위대한 교사이며
우리에게 많은 깨우침을 준다

법정 스님

143

연꽃을 피우듯

자신의 길을 가지 않고
그를 탓하며
시간을 허비해 본 적이 있는가?

만약 그렇다면
자기 인생의 운전대를
그에게 주어 버린 것이다

연꽃이 진흙을 탓하지 않고
묵묵히 꽃을 피우듯
자기 인생의 주인이 되라

자비 명상

자신을 가두지 말라

우리는 '나'라는 육신 속에 갇혀 있는
제한된 존재가 아니다

우리는 시공을 초월해
우주 전체와 연결되어 있는
나를 넘어선 존재다

지금까지 살아오던 삶의 방식
'나'라는 존재 속에 자신을 가두지 말라

'나'라는 존재를 활짝 열어 두고
무한한 확장이 가능하도록
나를 허용해 보라

법상 스님

145

끌려다니지 마라

지나간 것의
환상에 사로잡혀
아쉬워하지 말며

새로운 것에 만족하여
안주하지 말며

사라져 가는 것들을
슬퍼하지 말며

욕망이 이끄는 대로
끌려다니지 마라

숫타니 파타

146

영적 조상

우리 안에는
핏줄의 조상들과
영적인 조상들이 있습니다

우리 몸의 세포 하나하나에도
아버지와 어머니 조상들의 존재를
느낄 수 있습니다

그리 생각해 보면
우리가 그분들의 연속임을
알게 됩니다

틱낫한 스님

147

해탈을 이루겠다

오늘 잠에서 깨어나
이렇게 살아 있다는 것이
얼마나 큰 행운인가

나는 귀하고 얻기 어려운
인간의 몸을 가지고 있다

오늘 하루를 낭비하지 않을 것이다
최선을 다해 나를 영적으로 발달시키고
남들에게 마음을 열고

모든 중생을 위해서
해탈을 이루겠다

달라이 라마

홀가분한 삶

무소유란
아무것도 갖지 않는 것이 아니라
불필요한 것을 갖지 않는다는 뜻이다

무소유의 진정한 의미를 이해할 때
우리는 보다
홀가분한 삶을 살 수 있다

우리가 선택한 맑은 가난은
넘치는 부보다 훨씬 값지고 고귀한 것이다

이것은
소극적인 생활 태도가 아니라
지혜로운 삶의 선택이다

법정 스님

149

자비의 마음

법을 깨달아
마음이 기쁜 자는
홀로 있어도 행복하다

이 세상 어떤 생명에게도
적의를 품지 않고
자비로운 마음을 갖는 자는
행복하다

모든 욕망의 굴레에서 벗어나,
'나'라는 마음을 던져 버릴 때
그 누구보다 행복하다

붓다의 생애

150

사랑하되 집착은 말라

많은 사람들이
사랑과 소유를 동격으로 여긴다

사랑하면 당연히 내 여자, 내 남자,
내 자식이 되어야 하는 것이다

그러나 이 세상 그 어떤 대상이
영원한 내 것일 수 있겠는가

집착과 소유를 동반한 사랑은
언제나 고통과 슬픔일 수밖에 없는
한계를 안고 있다

사랑하되 집착하지 말라

법상 스님

151

두 가지 사는 법

인생을 사는 데에는
두 가지 방법이 있다

한 가지 방법은
어떤 기적이 아닌 듯
사는 것이다

다른 방법은
모든 것이 기적인 것처럼
사는 것이다

알베르트 아인슈타인

152

참된 스승

아름다움과 선함이 언제나
우리 안에 있다는 것이
붓다의 가르침이다

참된 스승과 참된 영적 도반은
네가 찾는 사랑과 아름다움이
네 안에 있음을 깊이 들여다보라고
격려하는 사람이다

네 안에 있는 스승을 발견하도록
도와주는 사람이 참스승이다

틱낫한 스님

153

슬기로운 자

허물을 허물이라고
보지 못하는 자와

계율에 위배되는 자신의
허물만 사죄하는 자
이 둘은 참으로 어리석다

허물을 허물이라고 보는 자와
계율에 위배되지 않는
자신의 허물도 사죄하는 자
이 둘은 참으로 슬기로운 자들이다

허물의 경

154

모두가 한때일 뿐

우리가 죽지 않고
살아 있다는 사실에
고마워할 줄 알아야 한다

이 세상에 영원한 존재는
누구에게도 어디에도 없다
모두가 한때일 뿐이다

살아 있을 때 다른 존재들과
따뜻한 가슴을 나누어야 한다

법정 스님

155

모두 내려놓기

변화를 바란다면
지금 생각하고 원하는 것들을
내려놓았을 때 가능하다

내려놓을 때
원하는 것들을 얻을 수 있다

하나를 내려놓으면 하나를 얻고
다 내려놓으면 모든 걸 얻는다

마가 스님

156

우주 전체를 구원

내 앞의 한 사람을 사랑한다는 것은
전체 우주를 사랑하는 것과 같다

한 사람이라도 그를 괴로움에서
구원해 주었다면
그것은 우주 전체를 구원한 것이다

내 가족 내 이웃에게 다가가는 것은
당신이 이생에서 해야 할
삶의 존귀한 목적이다

법상 스님

157

무소유

사랑 애愛는 소유라
주기 아까워하고
받지 못하면 화를 내나니
가슴앓이 숨 막히네

사랑 자慈는 무소유라
주면서 기뻐하고 밀침 받아도
화내지 않아 그 향기 다함없네

지운 스님

158

위대한 통찰

누구나 붓다가 될 수 있다는 것이
대승 불교의 위대한 통찰이다

싯타르타가 성취한 것을
우리 모두가 이룰 수 있다

남자든 여자든 어떤 계층이든
출가수행자든 재가불자든
누구나 다 이룰 수 있다

틱낫한 스님

159

자비로써 해탈

자비로써 마음의 해탈을
발전시키고 연마하며

자비를 수레로 삼고
자비를 토대로 삼고
자비의 마음을 견고하게 하고

자비 속에서 자신을 단련하여
자비로움을 온전히 성취하리라

쌍윳따 니까야

진정한 만남

만남은 시절 인연이 와야
이루어진다고 말한다

만남이란 일종의 자기 분신을
만나는 것이다

종교적인 생각이나 빛깔을 넘어서
마음과 마음이 접촉될 때
하나의 만남이 이루어진다

우주 자체가 하나의 마음이다
마음이 열리면 사람과 세상과의
진정한 만남이 이루어진다

법정 스님

161

애정과 자비심

변치 않는 관계를 만들기 위해서는
애정과 자비심 그리고
서로 존중하는 마음으로
관계를 맺어야 합니다

그럴 때 우리는
연인이나 배우자뿐 아니라
친구, 친척, 낯선 사람들과도
깊고 의미 있는 관계를 맺을 수 있습니다

달라이 라마

162

인과응보

삶은 부처님이나 하느님이
계획하고 설계한 것이
아니다

그것은 언제나
내 깊은 영혼의 선택이다

그 모든 것은 내가 수긍했고
원했기 때문에 일어난다

내가 지은 것은 내가 받는
인과응보의 이치는
누구도 거스를 수 없음을 알고 있다

그러니 누구를 탓하겠는가

법상 스님

163

용기와 지혜

불건전하게 생각하고
행동하는 습관들을
지금 당장 버리겠다고
말하는 것이 용기이고

긍정적이고 건전하게
생각하고 행동하고 말하는
방법을 계발해야만
행복의 성취를 바랄 수 있다고
아는 것이 지혜이다

구나라타나 스님

꽃과 쓰레기

꽃과 쓰레기는 유기물이다

그래서 한 송이 꽃을 들여다보면
그 꽃도 머지않아 쓰레기로 돌아갈 것이다

행복과 슬픔도 사랑과 미움도
모두 유기물이고 쓰레기다

이 쓰레기들은 인생살이의 한 부분이고
이것들을 꽃으로 바꿀 수 있는 방법을
배우고 익혀야 한다

틱낫한 스님

빈 공간

만족이란 지속적이고 끈질긴 욕망이
완전히 멎은 마음 상태이다

갈망해 온 것을 모두 가진 상태가 아니라
텅 비운 상태이다

방에 이것저것 들여놓으면
쓸데없는 물건들로 꽉 차고 만다

만족을 얻으려면
빈 공간을 만드는 일이 필요하다

아남 툽텐 린포체

166

삶의 리듬

나는 내 삶을 그 누구의 간섭도 받지 않고
누구도 닮지 않으면서
내 방식대로 살고자 한다

자기 식대로 살려면
투철한 개인의 질서가 전제되어야 한다
그 질서에는 게으르지 않음과 검소함과 단순함과
이웃에게 해를 끼치지 않음도 포함된다

그리고 때로는 높이높이 솟아오르고
때로는 깊이깊이 잠기는
그 같은 삶의 리듬도 뒤따라야 한다

법정 스님

167

정의로운 사람

자신을 위해서나 남을 위해서
악을 행하지 않고

자식이나 재산이나 권력을
탐내지도 않으며

부당한 수단으로
성공하려고 하지 않는 이

그런 이를 일러
덕이 있고 현명하고
정의로운 사람이라 한다

담마빠다

168

고마운 존재

남편 아내 자녀 친구 등
주위의 누군가를 통해
행복해지려는 마음은
욕심이고 무지일 뿐이다

모든 타인은 나에게 행복이 아닌
깨달음을 주기 위해 왔다
그들이 내게 어떤 깨달음을
주려고 왔는지를 살펴보라

그랬을 때 모든 인간관계는
갈등과 구속을 넘어
깨달음으로 피어난다

좋고 나쁜 모든 상태가
나를 깨닫게 해 주는
고마운 존재임을 잊지 말라

법상 스님

열반이란

열반이란
우리를 진리와 구분 짓는 일을
완전히 멈추는 것입니다

지금까지 어떤 상태에서
해매 왔는지를
문득 알아차리는 것입니다

이는 마치 밤에 악몽을 꾸다가
깨어나는 것과 같습니다

아남 툽텐 린포체

170

너의 화

고통과 싸우지 마라
질투심과도 싸우지 마라

갓난아기를 안아 주듯이
그것들을 아주 부드럽게 안아 주어라

너의 화禍는 네 자신이다
그러므로 그것을 향해
폭력을 휘둘러서는 안 된다

네 안에 있는
다른 감정들에게도 마찬가지다

틱낫한 스님

171

튼튼한 섬

바람의 방향을
바꿀 수는 없습니다

그러나 돛의 위치를
바꿀 수 있습니다

다른 사람이
나에게 던진 돌들을 가지고

나를 위해 튼튼한 성을
쌓을 수 있습니다

우 조티카 사야도

172

시장기 같은 외로움

홀로 사는 사람들만
외로움을 느끼는 것은 아니다

세상 사람 누구나
자기 그림자를 이끌고 살아가고 있으며
되돌아보면 다 외롭기 마련이다

너무 외로움에 젖어 있어도 문제지만
때로는 옆구리께를 스쳐 가는
마른 바람 같은 것을 통해서
자기 정화 자기 삶을 맑힐 수가 있어야 한다

따라서 가끔은 시장기 같은 외로움을
느껴 가야 한다

법정 스님

173

진정한 수행자

이 세상에 대한
미련을 모두 버린 채
바람처럼 물처럼 살아가고 있는 사람

이 모든 집착에서
영원히 벗어나 버린 사람

그를 일컬어
진정한 수행자(브라만)라 한다

법구경

174

순간을 느껴 보라

현재는 원하는 곳으로 가기 위한 것이 아니라
원하는 모든 것이 이루어진
바로 그 순간이다

현재에 존재하는 것이야말로
삶의 목적이다

미래의 성취와 목적을 향해
달려가던 모든 행위를 멈추고

지금 여기로 뛰어들어
그 순간을 충분히 경험하고
느껴 보라

법상 스님

175

나를 사랑하라

명상은 지금 이 순간 깨어 있는 채로
내가 나를 보는 일입니다

나는 말하고 있구나
화를 내고 있구나
걷고 있구나처럼

객관적으로 보는 연습을 하면
내가 누구인지 알게 되고
나를 사랑할 수 있게 됩니다

행복을 위한 제1의 조건은
내가 나를 사랑하는 일입니다

마가 스님

176

즐거운 삶

마음 챙김 수행을 하면
우리 안팎에서 생기 있고
아름답고 즐거운 삶의
모습들을 만나게 된다

망각 속에서 살 때는
만날 수 없는 것들이다

마음 챙김은 우리의 눈과 가슴,
밤하늘의 조각달
나무와 숲을 더욱 아름답고
깊게 만들어 준다

깨어 있는 마음으로
이것들을 만날 때
그들이 스스로 모습을 드러낼 것이다

틱낫한 스님

177

마음을 한결같이

여자는 겉모습의 아름다움을 믿고
남편을 업신여기거나
소홀히 해서는 안 된다

무엇이 아름다움인가 하면
간사함 등의 허물을 털어 없애고
뜻을 정하고 마음을
한결같이 하는 것이다

얼굴 생김과 화장과 머리 모양이나
비단 옷으로 아름다움을
논해서는 안 된다

옥야경

178

가슴속의 평화

삶이란
누구에게서 배우는 것이 아니다

직접 내 눈으로 보고 귀로 듣고
순간순간 부딪히고 이해하면서
새롭게 펼쳐 가는 기운 같은 것이다

아름다움이 무엇인지 이해하는 가운데서
우리는 사랑을 알게 된다

아름다움에 대한 이해는
곧 가슴속의 평화를 이룬다

법정 스님

179

더 큰 어려움도 극복

인생에서 불쾌한 것들을 만났을 때
건강을 조심하십시오

음식을 바르게 잘 먹고
길을 바르게 걷고
잠을 잘 자야 합니다

한 가지 어려움을 극복하면
그보다 더 큰 어려움이 온다 해도
다시 극복할 것입니다

우 조티카 사야도

우주와 함께 춤을

오늘 내가 만난 모든 사람들은
오늘 꼭 만나야 할 사람들이었다

우연은 없다
언제나 만나야 할 사람만 만나고
만나야 할 일들만이 일어난다

내가 눈을 떠 하늘을 바라보는 것도
저 하늘에 구름이 떠가는 것도
내 앞에 당신이 서 있는 것도

그 모든 일상이
전 우주가 함께 추는 춤이다

법상 스님

내면의 사원	뚜렷한 메시지
사랑의 편지	자신과 타인을 긍정
중도를 배워야	명상의 진수
하늘 냄새	지켜보는 마음
무상 대도	평온하고 맑은 마음
무한 생명	허상을 지탱
고귀한 내 자신	지혜의 씨앗
신비와 경이	모두를 환영하라
더욱 즐거운 일	마음공부
평온의 씨앗	저 위대한 나라
잘 사는 방법	삶의 경이로움
깨달음의 두 가지 길	행복과 욕망
적멸궁을 장엄	가치 있는 삶
명상은 연기법 체득	분노가 사라지다
몸 마음 충전하기	마음 거울

변함없는 만족
삶의 두 차원
꿈에서 깨어나라
자신의 선행
인생의 경이로움
체험이 자연스러운 것
무상하고 덧없다
평등하고 이롭게
놀라워
지혜로운 사람
사랑을 나누라
정신적 환경
빈틈없는 자유
한 발 물러나서 보면
영혼의 울림

아무것도 없다
뜻대로
참는 마음
장엄한 화엄의 꽃
흔들림 없이
떠오르는 해
알아차림의 수행
수묵화의 경지
공꺞 이어라
무한한 가능성
참본성
마음 달
숲속에서 감동해 보라
명상과 두 얼굴
바람을 느껴 본다

181

내면의 사원

종교의 목적은
바깥에 큰 사원을
짓는 것이 아니라

우리들 가슴속에
선한 마음과 친절의 사원을
짓는 것이라고 나는 믿는다

모든 종교는
그 내면의 사원을
지을 능력을 갖고 있다

달라이 라마

182

사랑의 편지

마음 챙김 에너지는
우리가 다른 사람과 화목하게 지내고
진정한 사랑의 편지를 쓰게 한다

진정한 사랑의 편지는
통찰 이해 그리고 자비로 쓰는 것이다

그렇게 쓴 사랑의 편지는
먼저 자신을 변화시키고
받는 사람과 세상을 변화시킨다

틱낫한 스님

중도를 배워야

사문은 그 두 가지 중
어느 쪽에도 치우치지 말아야 한다

하나는 육체의 요구대로
자신을 내맡겨 버리는
쾌락의 길이고

또 하나는 육체를 지나치게 학대하는
고행의 길이다

사문은 두 가지 극단을 버리고
중도中道를 배워야 한다

여래는 바로 이 중도中道의
이치를 깨달음으로써
열반에 도달한 것이다

초전법륜경

184

하늘 냄새

사람이 하늘처럼 맑아 보일 때가 있다
그때 나는 그 사람에게서
하늘 냄새를 맡는다

텃밭에서 이슬이 내려앉은
애호박을 보았을 때
친구한테 먼저 따서
보내 주고 싶은 생각이 들고

들길이나 산길을 거닐다가
청초하게 피어 있는 들꽃과 마주쳤을 때
그 아름다움의 설렘을
친구에게 전해 주고 싶은 마음이 생긴다

이렇게 메아리가 오고 가는 친구는
멀리 있어도 좋은 벗이다
인생에서 좋은 친구가 가장 큰 보배다

법정 스님

무상 대도

지극한 도道는 어렵지 않음이요
오직 취하거나 버리지 말라는 것이니

미워하고 사랑하는
이 두 가지 마음만 버리면

무상대도無上大道는
툭 트여 명백하느니라

신심명信心銘

186

무한 생명

저 밑 산 바다
흰 빛 눈썹 달

고요함 검푸르러
텅 비어 있는 듯
열리는 듯
끝이 보이지 않는 듯

그윽하여라
무한 생명
쉬면서 춤추네

지운 스님

187

고귀한 내 자신

나는 나의 모습 그대로를
사랑합니다

때로 일상사에 흔들리고
번뇌에 시달리고
쓸데없는 욕망에 휘둘릴지라도

나의 청정하고 아름다운 모습은
그대로입니다

뿌연 창을 닦아 내면
투명한 햇살이 그대로 비쳐 오듯

내 마음을 닦아 내면
그 자체로 부처님의 성품이요
고귀한 내 자신입니다

마가 스님

188

신비와 경이

모든 것은 그것을 인식하는
사람의 근기와 수준에 따라 다르다

꽃이 피는 단순한 사실 속에서도
어떤 이는 신비와 경이를 보며

어떤 사람은 그저 꽃만을 보며
심지어 어떤 이는
꽃조차 못 볼 수도 있다

집 앞마당에 피어난 꽃을
당신은 보았는가?
그 숨결 속의 침묵을 보는가?

그 꽃 너머에서
피어나는 것을 보는가?

법상 스님

189

더욱 즐거운 일

나이 들면서 계를 지킴은
즐거운 일

확고한 신심을 세움도
즐거운 일

지혜를 성취함도
즐거운 일

악행하지 않음은
더욱 즐거운 일

법구경

190

평온의 씨앗

우리는 우리 안에 있는
고통을 피해 달아나려 한다

쾌락을 추구함으로써
고통을 피할 수 있다고 생각한다

그러나 그것은 오히려
우리의 행복을 자라지 못하게 방해한다

자비, 이해, 사랑 없이는
누구도 행복할 수 없다

우리 안에는 자비, 용서, 기쁨
그리고 아무것도 두려워하지 않는
평온의 씨앗이 있다

틱낫한 스님

191

잘 사는 방법

좋은 벗에는 네 부류가 있다

겉으로는 원한이 있는 것같이 보이나
속으로는 온화하고 호의로 대하며

앞에서는 책망하지만
뒤에서는 칭찬하고

병이나 그 밖의 어려운 일을
당했을 때는 위로하고

가난하여 물질적인 도움은 주지 못해도
잘 사는 방법을 가르쳐 준다

육방예경

192

깨달음의 두 가지 길

깨달음에 이르는 데는 두 길이 있다
하나는 지혜의 길이고
다른 하나는 자비의 길이다

하나는 자기 자신을 지켜보면서
삶을 매 순간 개선하고 심화시켜 가는
명상의 길이고

다른 하나는 이웃에 대한
사랑의 실천이다

이 지혜와 자비의 길을 통해
우리가 이 세상에 태어날 때부터
지녀 온 불성과 영성의 씨앗이
맑고 향기롭게 피어난다

법정 스님

193

적멸궁을 장엄

모든 부처님들께서
적멸궁을 장엄하심은

많은 겁의 세월 동안
욕심을 버리고
고행하셨기 때문이요

모든 중생이 불타는 집안에
윤회하는 것은

끝없는 세상에
탐욕을 버리지 못한
까닭이다

원효대사 발심수행장

194

명상은 연기법 체득

명상은 깨어 있음이고
알아차림이고
마음 챙김입니다

명상은 고통에서
벗어나는 길이고
연기법을 체득하는 길입니다

명상을 통해 행복해지는
지혜를 얻습니다

한국명상진흥원

몸 마음 충전하기

숨을 들이쉬고 내쉬어
어깨의 힘 풀어 버리고
몸 움직이지 않아야
생각의 날아다님 멈추리

상상하여라
몸 천천히 연녹색 침대 위에 누이고
어깨 힘은 물 흐르듯
풀어지는 현상 알아차려야 하네

눈 감고 어디도 보지 않아야 하오
기운 저절로 안개 퍼지듯 온몸에 충만하리라

지운 스님

196

뚜렷한 메시지

최악의 상황은
최선의 상황으로 변화될 가능성이
가장 높아진 순간임을 의미한다

언제나 극과 극은
서로 연결되어 있다

최악의 상황에서
최고의 영적 각성과 진보가 일어난다

그 최악의 상황이야말로
변화와 성숙이 일어나리라는
뚜렷한 메시지이며 힌트다

법상 스님

197

자신과 타인을 긍정

자신을 사랑하는 사람이
타인을 사랑할 수 있고

자신을 긍정할 수 있는 사람이
타인을 긍정할 수 있습니다

자비 명상이란 자신에 대한
자비로움을 가로막는
부정적인 경험을 풀어내는
과정이라고 할 수 있습니다

마가 스님

명상의 진수

진실로 거기에 있어라
백 퍼센트 너 자신으로
매일 매 순간 거기에 있어라
이것이 명상의 진수다

그러니 날마다 순간마다 자기 삶을
깊고 충실하게 살도록 연습하자

마음 챙김이야말로
너를 지금 여기에 참으로
존재하게 해 주는 에너지다

틱낫한 스님

199

지켜보는 마음

마음은
미묘하게 함부로 날뛰므로
좋아하는 대상에
집착하는 마음을
찾아보기 어렵다

지혜로운 이는
그런 마음을 잘 지켜보나니

분명히 지켜보는 그 마음에
행복과 평안이 깃든다

법구경

200

평온하고 맑은 마음

사람의 마음은
어디에도 얽매임 없이
순수하게 집중할 때 저절로
평온하고 맑고 투명해진다

명상은
먹고 마시고 놀고 자고 배우는 것과 같이
우리들 삶의 일부분이며

명상은
자기 안에서 일어나는 감정의 변화와
언어 동작 생활 습관들을
낱낱이 지켜보는 일이다

법정 스님

201

허상을 지탱

잠깐 동안 두 눈을 감고
마음에 집중하면
열심히 일하는 누군가를
볼 수 있습니다

그들의 주된 업무는
허상을 지탱하려는
단 하나의 목적으로
관념, 개념, 과거, 현재,
미래의 줄거리를
만들어 내는 것입니다

온종일 바삐 일하는 이들을
자아自我라 부릅니다

아남 툽텐 린포체

202

지혜의 씨앗

견고한 자아 성곽
관념의 가지들
거칠고 단단하구나

무지의 땅
지혜 씨앗 심으니

부드러운 뿌리 내려
깨달음의 꽃 피어 나네
비탈진 바위 꽃 피듯이

지운 스님

203

모두를 환영하라

우리 인간이라는 존재는
하나의 여인숙과 같다

기쁨, 절망, 우울 그리고
어떤 순간적인 자각이
예기치 않은 방문객으로 온다

그들 모두를 환영하라
그리고 대접하라

잘랄루딘 루미

마음공부

가족이나 친지 오랜 친구
직장 동료 등 가까운 인연은
내 안의 업이 투영된 관계다

가까운 인연과의 관계를
맑게 풀고 용서하고 가는 것이
이번 생애 참된 성숙과
진보를 위한 공부다

삶 자체가 나를 성장시키는
마음공부의 생생한 현장이다

법상 스님

205

저 위대한 나라

그대 자신을 의지처로 삼아서
부지런히 노력하라
지혜로운 자가 되어라

이 모든 더러움을
저 멀리 날려 보내고
번뇌로부터 벗어나라

그대는 이제 머지않아
저 위대한 나라로
들어가게 될 것이다

법구경

206

삶의 경이로움

몸과 마음이 하나일 때
우리는 온전히 현존한다

그때 온전히 살아 있어
지금 여기에서 맛볼 수 있는
삶의 경이를 접할 수 있다

몸과 마음은 둘이 아니라
하나로 경험되어야 한다

그래서 우리가 찾는 모든 것이
이미 거기에 있음을 보게 된다

틱낫한 스님

207

행복과 욕망

행복은 욕망이 있는 그대로를
아는 그 자체입니다

행복은 욕망에 대해
판단할 필요성을 느끼지 않습니다

더 이상 움켜쥐거나
제거하려 하지 않을 때

마음이 참으로 평화롭고
어떤 것에도 집착하지 않는다는 것을
발견할 것입니다

아잔 수메도

가치 있는 삶

가치 있는 삶이란 무엇인가
욕망을 충족시키는 삶은 결코 아니다
욕망은 더 큰 욕망을 불러일으킨다

가치 있는 삶이란 의미를 채우는 삶이다
그리고 내 삶이 어디쯤 왔는지
확인할 수 있어야 한다

거듭거듭 새롭게
시작할 수 있어야 한다

날마다 새롭게 피어나는 꽃처럼
그렇게 살 수 있어야 한다

법정 스님

209

분노가 사라지다

갑작스럽게 마음이 흥분되거나
안정되지 않을 때

호흡을 관하는 것만으로도
여유를 찾을 수 있습니다

지금 들숨을 쉬고 있구나
지금 날숨을 쉬고 있구나

분노에 마음이 흔들릴 때는
10번 호흡을 관해 보세요

아랫배가 솟았다 꺼졌다 하는
움직임에 집중하다 보면
분노는 사라집니다

마가 스님

마음 거울

물은 마음의 비유

무명의 바람 불지 않아
마음의 파도 일지 않네
허공 같고 거울 같아라

허공 같은 마음이여
비우지 못한 얼룩 제거
탁한 마음 투명하게
끓는 마음 샘물처럼 흘러
자취 감추네

거울 같음이여
얼룩 사라져
모든 상 명백하게 나타내
나타난 것 나가지 않고
오염시키지 않고
들어 오는것 환영 같네

지운 스님

211

변함없는 만족

탐욕의 반대는
무욕이 아니라 만족이다

당신이 큰 만족감을
갖고 있다면

어떤 것을 소유하는가는
문제가 안 된다

어떤 경우에도 당신은
변함없이 만족할 수 있다

달라이 라마

212

삶의 두 차원

삶에는 두 가지 차원이 있다
하나는 물결과 같은데
우리는 그것을 역사의 차원이라 부른다

다른 하나는 물과 같다
그것을 궁극의 차원 또는
니르바나라고 부른다

보통 우리는 물결의 차원에서 살아간다
하지만 물의 차원에 닿는 법을 발견할 때

우리는 명상이 줄 수 있는
최고 열매를 얻게 된다

틱낫한 스님

213

꿈에서 깨어나라

깨달음은 꿈에서 깨는 것에
비유할 수 있습니다

꿈이란 번뇌로 인한
괴로움에 둘러싸인
현실 세계이고

깨고 나면 실체가
없습니다

꿈에서 깨어나려는 노력이
명상 수행입니다

지운 스님

214

자신의 선행

이것이 내게 무슨 영향을
미치겠는가 라며
작은 선행을
가벼이 여기지 마라

한 방울씩 떨어지는 물방울이
항아리를 채우듯

지혜로운 이는
작은 선행을 쌓아
자신을 선행으로 가득 채운다

법구경

215

인생의 경이로움

마음 챙김은 우리에게
길을 보여 주는 빛이다

마음 챙김은 통찰, 깨어남, 자비
그리고 사랑을 낳는다

사람이면 누구나
마음 챙김 씨앗을 속에 담고 있다

이 씨앗에 물을 주는 법을 알면
그것이 자랄 터이고

인생의 온갖 경이로움을 즐길 것이다

틱낫한 스님

216

체험이 자연스러운 것

갖고 싶지 않았던 느낌이나
체험을 포함해서
모든 것을 받아들여라

인간적인 결점을 가졌다고
자신을 힐난하지 마라

모든 체험이
이미 온전하고 자연스러운 것임을
존중하는 연습을 해 보라

구나라타나 스님

217

무상하고 덧없다

모든 것은 무상하고 덧없다
모든 것이 영원하지 않다

변하기 때문에
환자가 건강을 되찾고
가난한 사람이 부자가 되고
어두운 면이 밝아질 수도 있다

어떻게 변하느냐가 문제다
자신의 중심을 들여다보아야 한다

중심에 사는 사람은
어떤 세월 속에서도
좌절하거나 허물어지지 않는다

법정 스님

218

평등하고 이롭게

병든 이에게는 의사가 되어 주고
길 잃은 이에게는
바른 길을 가리켜 주며
어두운 밤에는 등불이 되고
가난한 자는 재물을 얻게 하느니라

이 같은 보살은
모든 이웃을 평등하고
이롭게 하느니라

보리는 이웃이 없다면
끝내 깨달음을 이루지 못할 것이니라

보원 행원품

219

놀라워

청명한 빛 태양처럼

유정有情이거나
무정無情이거나
모든 것 차별 없이

깨침의 씨앗에
물 주듯 비추나니

깨달음의 꽃
눈을 뜨네

빛과 꽃 서로 몰라
놀라움이 일어났구나

지운 스님

220

지혜로운 사람

성자는 구하는 바 없이 만족하며
누구든 너무 가까이하지 않는다

자신을 드러낼 때는 마치 둔하고
멍청이처럼 처신한다

지혜로운 사람은
대중 가운데 있을 때
지나치게 말을 많이 하지 않는다

테라가타

221

사랑을 나누라

삶이란 사랑으로 시작해
사랑에 도착하는 과정이다

그 어디에도 사랑 아닌 것이 없으니
삶을 사랑하라

만나는 모든 이와
따뜻한 사랑을 나누라

사랑할 때 더 많이
사랑이 드러난다

법상 스님

222

정신적 환경

지금 이 순간
우리가 어떤 선택을 하면

그다음 순간에는
그 선택에 대한 결과를
경험할 뿐이다

이 순간 건전한 선택을 하는 것은
다음 순간의 행복에 도움이 될
정신적 환경을 조성하는 것이다

구나라타나 스님

223

빈틈없는 자유

행복을 경험하기 위해서는
자유로워져야 한다
네가 참으로 자유로운 사람이면
저 하늘의 달처럼
행복이 너를 감쌀 것이다

달을 보라
빈틈없는 자유로 하늘을 여행한다
그 자유가 아름다움과 행복을 빚어낸다

나는 자유에 바탕을 두지 않고서는
행복할 수 없다고 확신한다
관념과 생각을 포기하는 게
쉽진 않겠지만 놓아 버려라

틱낫한 스님

224

한 발 물러나서 보면

한발 물러나서 바라보면
객관적으로 보입니다

한발 물러나면
마음의 태풍으로부터
벗어날 수 있습니다

한발 물러나면
시비 분별로 인한 고통으로부터 벗어나
평온할 수 있습니다

마가 스님

225

영혼의 울림

우리가 진정으로 만나야 할 사람은
그리운 사람이다

그리움의 물결이 출렁이는
그런 사람과는 때때로 만나야 한다

그리움이 따르지 않는 만남은
사무적인 마주침이거나
일상적인 만남이다

마주침과 스치고 지나감에는
영혼의 울림이 없다
영혼의 울림이 없으면
만나도 만난 것이 아니다

법정 스님

226

아무것도 없다

분노와 자만심을 버려라
그리고 이 모든 속박을
뛰어넘어라

그 어떤 것에도
집착하지 않는 사람에게
고뇌조차 가까이 갈 수 없나니

그는 그 자신의 것은
이제 아무것도 없다

법구경

227

뜻대로

차 빛깔
마음 바탕에서 찾고

차 향기
자비심에서 찾고

차 맛
지혜에서 찾아

거울 같은 마음이여
뜻대로 얻으리라

지운 스님

228

참는 마음

가엾이 여기는 마음은
뿌리가 되고

상냥한 말씨는 줄기가 되고

참는 마음은 너울너울
가지가 되고

보시는
주렁주렁 열매가 된다

대장부론

장엄한 화엄의 꽃

열반을 향한 추구와 노력을
완전히 잊어버리고

그저 지금 이 순간에
온전히 존재해 보라

그래서 더 이상 아무것도
'할' 필요도 '될' 필요도 없이
그저 이래도 충분히 존재하는 가운데

이미 피어 있는 장엄한
화엄의 꽃을 보게 되리니

법상 스님

230

흔들림 없이

과거로 거슬러 올라가지 말고
미래를 바라지 말라

과거는 버려졌고
미래는 아직 오지 않았다

현재 일어나는 상태를
그때그때 잘 관찰하라

정복되지 않고 흔들림 없이
그것을 알고 수행하라

밧데가랏따경

231

떠오르는 해

우리는 깨달음을 얻으려고 명상하지 않는다
깨달음이 이미 우리 안에 있기 때문이다

우리는 아무것도 부족하지 않고
도달하려는 곳에 이미 도달했음을 본다

지금 이 순간
동산에 떠오르는 해를 보면서
지붕에 떨어지는 빗소리를 들으면서
매 순간을 충분히 즐길 수 있다

틱낫한 스님

232

알아차림의 수행

나아가거나 물러설 때도
그것을 올바로 알아차리는 것을 수행하며

앞을 보거나 주변을 볼 때도
그것을 올바로 알아차리는 것을 수행하며

먹고 마시고 씹고 맛볼 때에도
그것을 올바로 알아차리는 것을 수행하며

가고, 머물고, 앉고, 눕고,
깨어 있고, 말하고, 침묵할 때에도
그것을 올바로 알아차리는 것을 수행한다

느낌의 쌍윳따

233

수묵화의 경지

단순함과 간소함이
곧 본질적인 세계이다

단순함이란 그림으로 치면
수묵화의 경지이다
이 빛깔 저 빛깔 다 써 보다
마지막에는 먹으로 하지 않는가

그 먹은 한 가지 빛이 아니다
그 속엔 모든 빛이 다 있다

명상적인 표현으로 하자면
그것은 침묵의 세계이다
텅 빈 공의 세계이다
텅 빈 충만의 경지이다

법정 스님

공空 이어라

마음 거울 빛나
비친 객관 모든것

실체처럼 보이는
공이어라

꿰뚫어 아는
앎의 빛이여

무지이지無知而知의
거울 이구나

지운 스님

235

무한한 가능성

완전해지는 것이
우리 삶의 목적은 아니다

삶을 살아가면서 얼마나 나아지고
깨닫고 배우고 있는지
그것이 당신 삶의 목적이 되게 하라

삶은 언제나 당신을 깨닫게 하기 위해
무한한 가능성을 선물해 주고 있다

법상 스님

236

참본성

자신의 참본성을 깊이 들여다볼 때
우리는 그것의 궁극적 실체에 다가갈 수 있다

궁극적 실체는
태어남도 죽음도 높음도 낮음도
여기도 저기도 없다

불교는 그것을 니르바나
또는 그러함如如이라고 부른다

있음과 있지 않음,
죽음과 태어남 같은
모든 개념의 소멸이 니르바나다

틱낫한 스님

237

마음 달

찻잔에
달이 비치면 달이 뜨네
뜬 달 보면
차 맛 달아나고 없다네

차 빛깔이여 마음의 색상이요
차 향기여 마음의 향기요
차 맛이여 마음의 일미로다

마음이여 무심지월이라
마음 달 뜨면
세간의 찻잔 속
어둠 사라지리

찻잔 속 달이 뜨네

지운 스님

238

숲속에서 감동해 보라

삶이란 머리에서 출발하여
가슴으로 도착하는 단순한 여정이다

사무실에서 더 많이 생각하기보다는
숲속에서 더 많이 느끼고 감동해 보라

인터넷에서 헤매기보다는
계절의 변화와 바람과
꽃 한 송이를 품어 보라

조금 덜 생각하고
더 많이 삶의 순간을 느껴 보라

법상 스님

239

명상과 두 얼굴

명상을 하다 보면
두 얼굴이 보일 것이다

하나는 멈추는 것이고
다른 하나는 깊이 보는 것이다

멈출 수 있으면 안정되어 집중하게 된다
그것이 눈앞에 있는 것들을
깊이 보는 연습을 가능케 한다

사물의 본성을 깊이 들여다보면
그것을 알게 된다

그 '앎'이 우리를 고통으로부터 해방시킬 것이다

틱낫한 스님

240

바람을 느껴 본다

해는 서서히 지고
어둠이 시작되는 저녁
바람이 불어온다

바람을 타고
나뭇잎들이 수런거리며
생명의 춤을 추고 있다

눈을 감고 온몸의 감각으로
바람을 느껴 본다

새소리가 바람을 타고
귓전을 스치운다

아, 이 있음의 순간!

법상 스님

마음 챙김과 집중	저마다 자기답게
안락한 집	되돌아가라
나를 느껴 보라	마지막 자산
밀의 죽음	깊은 물
풍성하게 존재하라	동떨어진 자아
특별하게	삿된 도道
들이쉬고 내쉬기	더 큰 존재
불생 불멸	몸과 마음 쉬기
삶의 흐름에 맡겨라	삶의 신비
오래 살기 어렵네	법문을 듣다
몸 자체가 무상	놀라운 순간
교묘한 재주	진정 행복하기를
하나의 기적	윤회의 장
빛	자유롭게 빛나는 빛
영혼의 순결	선과 악

잠	성자
붓다가 되기를 즐겨라	공의 상태
혼돈 속의 세상	깬 마음
삶의 역경	영성의 세기
인생의 연속	모두가 연결되어 있어
청정한 메아리	삶과 니르바나
홍익인간	모든 것이 다 통해
우주의 사절	구할 것이 없다
허공	미묘한 향
가치 있는 존재	알아차림으로 화를 안아
진정한 수행자	수행
뿐	외로운 사람
깨달음의 씨앗	덕 있는 사람
최상의 삶	사랑스런 말
물결과 물	진리의 목적

241

마음 챙김과 집중

떠오르는 아침 해를 바라볼 때
마음을 모으고 의식을 집중할수록
해의 아름다움이 더 잘 보인다

지금 향기롭고 감미로운 차 한 잔을
손에 들고 있다고 상상해 보자

차에 의식을 집중해야만
제 향과 맛을 보여 줄 것이다

마음 챙김과 집중이
행복의 원천인 이유가 여기에 있다

틱낫한 스님

안락한 집

더위를 없앨 수는 없지만
덥다고 괴로워하는
이 마음을 없애면

몸이 항상 서늘한 누대에
있을 것이요

가난을 쫓아 가난을
근심하는 그 생각을
쫓아 버리면

마음이 항상 안락한
집 속에서 살게 되리라

채근담

243

나를 느껴 보라

잠들기 직전을
오롯한 수행의 순간으로 만들어 보라

불을 끄고 누워서 잠들기 직전까지
호흡에 의식을 집중해 보라

들숨과 날숨을 느껴 보고
누워 있는 내 몸의 느낌 바로 그 순간에
존재하는 나를 느껴 보라

자기 존재를 관찰하다 잠이 들면
잠도 깊을 뿐더러
잠자는 내내 고요할 수 있다

법상 스님

244

밀의 죽음

완벽으로부터는 아무것도 나오지 않는다
모든 과정은 우선 뭔가를
깨뜨리는 것과 연관된다

생명이 움트기 위해서는
반드시 흙이 부서져야만 한다

씨앗이 죽지 않는다면
식물이 생길 수 없다
빵이란 결국 밀의 죽음으로부터
나온 것이다

조셉 캠벨

245

풍성하게 존재하라

무엇인가를 소유한다는 것은
한편으로는 소유를 당하는 것이며
무엇인가에 얽매인다는 뜻이다

적게 가질수록
더욱 사랑할 수 있다
언젠가는 모두 버리고 갈
우리가 아닌가

인간의 목표는
풍부하게 소유하는 것이 아니고
풍성하게 존재하는 것이다

그러므로 필요에 따라 살아야지
욕망에 따라 살지 말아야 한다

법정 스님

246

특별하게

특별한 기회가 올 거라며
기다리지 마라

평범한 기회를 붙잡아서
특별하게 만들어라

약자는 기회를 기다리지만
강자는 기회를 스스로 만든다

오리슨 스웨트 마든

247

들이쉬고 내쉬기

가장 먼저 해야 할 일은
지금 하고 있는 것을 그것이 무엇이든 다
멈추는 것입니다

이제 편안한 곳에 앉으십시오
어디든 좋습니다
숨에 마음을 가져갑니다

숨을 들이쉬며
들이쉼을 알아차립니다

숨을 내쉬며
내쉬고 있음을 알아차립니다

틱낫한 스님

248

불생 불멸

삼라만상 온 우주는
생멸生滅하나

생멸을 뒤집어 보면
멸은 불생不生이며
생은 불멸不滅이니

불생불멸不生不滅이
여如의 본 모습이며
마음의 본래 성품이라네

지운 스님

249

삶의 흐름에 맡겨라

삶이란 살려고 애쓰지 않아도
그냥 살아진다

계획하고 연구하고 고민하지 않아도
늘 자연스럽게 흘러간다

힘을 빼고 삶의 흐름에
내맡긴 채 지켜보라

애쓰는 '나'가 없어도
저 혼자서 얼마나 잘 살아지는지

법상 스님

250

오래 살기 어렵네

부처님 나오시어 온 세상 비추심은
온갖 근심과 괴로움 없애 주기 위해서네

사람이 세상에 태어나기 어렵고
태어나도 오래 살기 또한 어렵네

부처님 계신 세상 만나기도 어렵지만
부처님 법 듣기는 더욱 어렵네

법구경

251

몸 자체가 무상

몸이라는 것은
물, 불, 공기, 흙,
네 가지로 이루어져 있다

인간의 존재는
물질적 요소와 정신적 요소가
합쳐져 만들어진 유기적 존재다

본래부터 있었던 게 아니라
어떤 인연이 닿아
이런 형상을 갖추고 나온 것이다
또한 인연이 다하면 흩어지고 만다

그렇기 때문에 이 몸 자체가
무상한 것이고 늘 변하며
어느 것도 고정되어 있지 않다

법정 스님

252

교묘한 재주

참된 청렴은 청렴하다는
이름이 없나니

명성을 얻는 것은
바로 이름을 탐하기 때문이다

참으로 큰 재주는
별달리 교묘한 재주가 없나니

재주를 부리는 것은
그만큼 졸렬하기 때문이다

채근담

하나의 기적

우리가 살아 있다는 진실을
스스로에게 일깨워 주어야 한다

지금 우리는 아름다운 지구 별에
발자국을 남기며 걷고 있다
우리의 걸음 자체가 이미 하나의 기적이다

그렇게 걷는 동안
우리의 모든 발걸음이
자양분이 되고 치유가 된다

어루만지듯 걸어가는 걷기 명상 속에
큰 사랑이 깃들어 있다

틱낫한 스님

254

빛

사방 팔방으로 비출때
비추는 빛이
빛 자체를 비추니
빛 밖에 없다오

한 생각도
일어 나지 않아
쌍암雙暗이면서

앞 뒤 좌우 상하로
두루 비추는
쌍명雙明이로다

지운 스님

255

영혼의 순결

모든 존재는
덧없이 변해 간다

이 이치를 깨달은 이는
고뇌와 슬픔으로부터
점점 멀어져 가리니

이는 영혼의 순결에
이르는 길이다

법구경

저마다 자기답게

상대방을 통제하려 하지 말고
상대방이 자기답게
행동하기를 허용해 주라

상대방이 나에게 이렇게
해 주었으면 하는 것을
내가 먼저 상대방에게 해 주라

나는 나답게 타인은 타인답게
저마다 자기답게 존재할 수 있도록

서로가 인정하고 받아들여 줄 때
참된 관계의 꽃이 핀다

법상 스님

되돌아가라

눈 덮인 산에서 길을 잃으면
처음 왔던 길로 되돌아가면 되듯이

우리 인생도 길을 잃고 힘들 때
처음으로 돌아가면 됩니다

숨을 크게 들이마시고
내쉬어 봅니다

내가 안정이 되면
길이 보입니다

마가 스님

258

마지막 자산

수행자는 기도로써
영혼의 양식을 삼는다

기도는 인간에게 주어진
마지막 자산이다

사람의 이성과 지성을 가지고도
어떻게 할 수 없을 때
기도가 우리를 도와준다

순간순간 간절한 소망을 담은
진지한 기도가
당신의 영혼을 다스려 줄 것이다

법정 스님

259

깊은 물

얕은 물은 요란한
소리를 내며 흐른다

그러나 깊은 물은
요란한 소리를 내지 않는다

모자라는 곳은
항상 소리를 내지만

가득한 것은
소리를 내지 않는다

숫타니 파타

동떨어진 자아

나는 누구인가 어디서 왔는가
내 인생의 의미는 무엇인가

이런 질문들 앞에서 난감해지는 것은
'동떨어진 자아'라는 관념에
사로잡혀 있기 때문이다

하지만 깊이 들여다보면
우리에게 자아라는 것이
따로 없음을 깨닫게 된다

이는 누구도 동떨어진 자아가 아니라는 진실,
조상을 포함해 모든 존재가
우리와 연결되어 있음을 깨닫는다

틱낫한 스님

261

삿된 도道

만약 몸으로써
나를 보려고 하거나

음성으로써
나를 구하려고 하면

그 사람은 삿된 도道를
행하는 것이니

결코 여래를 볼 수
없을 것이니라

금강경 4구게

더 큰 존재

고통을 거부하지 말고 받아들이는 것이
진정한 의미의 인내다

괴로움도 두려움도 외로움도
나를 이길 수는 없다

그것은 실체가 아닌 환영이기 때문이며
우리는 그것들보다 훨씬 더 큰
존재이기 때문이다

우리가 고통을 거부할 때
괴로움은 힘을 얻지만
수용할 때는 힘을 잃고
항복하고 말 것이다

법상 스님

263

몸과 마음 쉬기

보려고 하지 말고
들으려고 하지 말고
그냥 보고 그냥 듣고
그냥 느끼고 그냥 알아차리고

스위치를 끄듯이
하고자 하는 의도를 멈추어라
몸도 휴식하게 되리

주위에 고요한 느낌 나타나리니
감정생각 멈추었음을
절로 알게 되리
몸과 마음 쉬어 지니
삼매의 시작이라네

지운 스님

264

삶의 신비

삶은 소유물이 아니라
순간순간의 있음이다

영원한 것이 어디 있는가
모두가 한때일 뿐

그러나 그 한때를
최선을 다해 최대한으로
살 수 있어야 한다

삶은 놀라운 신비요
아름다움이다

법정 스님

265

법문을 듣다

법문을 들을 때는
어렵다는 생각으로
물러설 마음을 내지 말고

많이 들었다는 생각으로
쉽다는 마음을 내지 말고

마땅히 생각을 비우고 들으면
반드시 깨달을 때가 있을 것이다

초발심자경문

266

놀라운 순간

붓다의 가르침은
지금 이 순간을 인생에서
가장 놀라운 순간으로 만들라는 것이다

그러기 위해서는 자유로워져야 한다

과거와 미래
그 밖의 다른 것에 사로잡혀
걱정하고 근심하는 자신으로부터
스스로를 해방시키는 것이
지금 우리에게 가장 필요한 부분이다

틱낫한 스님

267

진정 행복하기를

나는 이 세상에
하나밖에 없는 귀한 나에게
자비의 마음을 보냅니다

내가 욕심에서 벗어나고
화냄에서 벗어나고
어리석음에서 벗어나고
근심과 고통에서 벗어나

진정으로
행복하기를 바랍니다

마가 스님

윤회의 장

삶의 모든 것들이 무너져 버릴 때
너무 아파하지 말라

사실은 끝난 것 같은 그 순간 속에
다시 시작할 수 있는
무한한 가능성이 움트고 있다

이처럼 세상은
끝과 시작이 끊임없이 맞물리고
돌고 도는 윤회의 장이다

법상 스님

269

자유롭게 빛나는 빛

강을 건너는 자들은 많지 않다
공연히 바쁘게 강둑만 오르내릴 뿐

그러나 지혜로운 자들은
죽음의 경계를 넘어 강을 건넌다

탐욕과 소유와 집착으로부터 벗어나
깨달음의 일곱 등불을 밝혀
온전한 자유를 만끽하며

이 세상에서 깨끗하고 맑고
자유롭게 빛나는 빛이 된다

법구경

270

선과 악

사람 마음의 바탕은
선도 아니고 악도 아니다
선과 악은
인연에 따라 일어날 뿐

선한 인연을 만나면
마음이 선해지고
나쁜 인연을 만나면
마음이 악해진다

안개 속에 있으면
자신도 모르게 옷이 젖듯이……

법정 스님

271

잠

숨을 들이쉬고 내쉬어
어깨의 힘 풀고

몸을 바닥에 눕힐 때
물 빠지듯이 온몸의 힘
풀어 버리고 시선은 몸에
두지 말고 허공에 두어야 하리라

그래도 잠이 오지 않으면
눈에는 피곤함이 있으니
시선을 눈에 두어야 하리라

그래도 효과 없으면
눈을 감고 상상하라
좋은 시절의 일들을 추억하면
추억이 꿈으로 발전하리라

비몽사몽같이 되어도
몸은 푹 쉬고 있는 중이라오

지운 스님

붓다가 되기를 즐겨라

붓다가 되는 것은 어려운 일이 아니다
붓다는 깨쳐서 사랑할 수 있고
용서할 수 있는 어떤 사람이다

때로는 너도 그런 네 모습을 본다
그러니 붓다 되기를 즐겨라

앉을 때는 네 안의 붓다가 앉게 하라
걸을 때는 네 안의 붓다가 걷게 하라

네가 붓다가 되지 않으면
누가 된단 말인가

틱낫한 스님

273

혼돈 속의 세상

사람들은 사랑받기 위해
창조되었고

물건들은 사용되기 위해
만들어졌습니다

세상이 혼돈 속에 있는 이유는
물건들이 사랑을 받고

그리고
사람들은 사용되기 때문입니다

달라이 라마

274

삶의 역경

우리는 지금 자신 앞에 펼쳐진
삶의 의미를 다 이해할 수도 없고
이해하려고 노력할 필요도 없다

다만 현재 주어진 삶을
온전히 신뢰하고 받아들일 수 있을 뿐이다

그 어떤 괴로움도 우리를
괴롭히기 위해 찾아오는 것은 없다

삶의 역경은 그것을 거부할 때
괴로운 것일 뿐

있는 그대로 받아들이고 수용한다면
삶이 가르쳐 주는 지혜를
배울 수 있는 방편이 된다

법상 스님

인생의 연속

땅에 씨를 뿌리면 싹이 나고
드디어 열매를 맺어
끝없이 반복되듯

닭이 알을 낳고
알에서 닭이 생김이 끝이 없듯

땅에 그린 원이
시작과 끝이 없듯
우리 인생의 이 같은 연속에도
끝이 없다

미란타 왕문경

276

청정한 메아리

한 마음이 청정하면
온 법계가 청정해진다는
교훈이 있다

한 송이 꽃이 피어나면
수천 수만 송이의 꽃이
피어난다는 가르침이 있다

집안에서 어머니나 아버지 또는 자식 중
한 사람의 마음이 지극히 청정하면
메아리가 되어 모든 식구들이 변화한다

법정 스님

277

홍익인간

삼신께서 참마음을 내려 주셔서
(일신강충一神降衷)

사람의 성품은
삼신의 대광명에 통해 있으니
(성통광명性通光明)

삼신의 가르침으로
세상을 다스리고 깨우쳐
(재세이화在世理化)

인간을 널리 이롭게 하라
(홍익인간弘益人間)

환웅천황 국시國是

우주의 사절

빵은 우리에게 영양소를 전달해 주는
우주의 사절(使節)이다

빵을 가만히 들여다보면
거기에 햇빛 구름 대지가 있다

햇빛이 없으면 밀이 자랄 수 없다
구름이 없으면 비가 내리지 않는다
대지가 없으면 아무것도 자라지 못한다

그러므로 빵 조각이
그대로 생명의 경이로움이다
우리 모두를 위해 그것이 거기 있다
우리도 그것을 위해 거기 있어야 한다

틱낫한 스님

279

허공

허공이 무한 하듯
마음도 허공과 같이
두루 하네

허공은 생멸하지 않고
아는 성품도 없으나
마음은 생멸이 없으면서도

청정하든 오염되든
아는 성품은 불변이라

허공도 본래
깨달음의 산물이라네

지운 스님

가치 있는 존재

설사 아무리 큰 잘못을 했다 할지라도
그로 인해 죄의식과 두려움에 사로잡혀
두 번째 화살을 맞지 말라

당신은 깨끗이 용서받을 수 있으며
완전히 행복해질 수 있다

당신은 충분히 행복해질 만한
가치 있는 아름다운 존재임을
스스로 인정해 주라

법상 스님

281

진정한 수행자

그 자신의 행위(身)에 의해서
말(口)에 의해서
생각(意)에 의해서

그 영혼이
상처를 받지 않는 사람

아니 이 셋을 지혜롭게
다스릴 줄 아는 사람

그를 일컬어
진정한 수행자라 한다

법구경

282

뿐

차 맛에
온 세상 멈출 때
천지가 부서져 내리고
언어와 생각의 장벽이
걷히는 순간이라네

차향에
숨소리 들리지 않을 때
허공도 찾을 수 없어라

꽃 피고 물 흐를 뿐

지운 스님

깨달음의 씨앗

성냄을 죽이면
편히 잘 수 있고
성냄을 죽이면
마음에 근심 걱정 없노라

성냄은 독의 근본이 되어
깨달음의 씨앗을 해치니

성내는 마음을 죽이는 사람
세상의 지혜로운 이
그를 칭찬하노라

잡아함경

284

최상의 삶

믿음이
세상에서 으뜸가는 재산이고

가르침을 잘 닦아
안락을 얻는 것과

진리가
참으로 가장 감미로운 맛이고

지혜로운 삶이
최상의 삶이라 일컬어진다

부유함의 경

물결과 물

바다를 바라본다고 생각해 보자
우리는 수면에서 오르내리는 물결을 본다

물결의 관점에서 보면
태어남과 죽음, 높음과 낮음,
일어남과 꺼짐이 분명 있다
물결마다 서로 다르다

그러나 모든 물결은
물이라는 본질로 이루어져 있다
그것은 물결이면서 동시에 물이다

태어남과 죽음, 높음과 낮음, 일어남과 꺼짐은
역사의 차원인 물결에만 해당되는 개념이다

궁극의 차원인 물 자체에는
해당되지 않는다

틱낫한 스님

286

성자

성자는
쾌락에 빠지지 않고
교만하지 않고

온화하고
총명하고
맹목적으로 무조건 믿지 않고

어떤 것에도
싫어함을 보이지 않는다

숫타니 파타

287

공의 상태

용서는

내면의 원한과 증오
다툼과 미움을 다 놓아 버리는
명상의 한 방식이기도 하다

마음속의 모든 찌꺼기를
다 용서할 때

비로소 내면이 고요해지며
공(空)의 상태로 돌아간다

법상 스님

288

깬 마음

차茶 맛에
눈멀고 귀머니
술친구 전화 겁나누나

쓸쓸한 마음 가눌 길 없으나
함께 논 술 시간
아깝고 아까워라

차 맛에 하늘 나는 듯
이 기분 비길 바 있을까

깬 마음 누구와 벗하리오

지운 스님

영성의 세기

21세기는 영성의 세기가 되리라고
예언하는 사람들이 있다

개인적으로 우리가 살아남으려면
영성의 세기가 되어야 한다고 생각한다

오늘날 우리 사회는 너무 많은
두려움, 고통, 폭력, 절망, 혼돈이 있다

이런 세상에서 영성 없이
어떻게 살아갈 수 있을까?

틱낫한 스님

290

모두가 연결되어 있어

인디언들이 나무와 바람 햇살을
신성시하는 이유는
그 모든 생명이
나와 연결되어 있기 때문입니다

그들이 있어야 우리 또한
행복할 수 있기 때문입니다

우리 모두는 연결되어 있음을 느낄 때
행복은 더 커집니다

마가 스님

291

삶과 니르바나

우리는 대개 죽음을 피해 달아나고
삶을 움켜잡으려 한다

그러나 불교 가르침에서는
모든 것이 니르바나다

그런데 우리는 왜 하나를 잡고
다른 하나를 피해야 한단 말인가

궁극의 차원에서는
시작도 없고 끝도 없다

그리고 모든 것이
이미 여기에 있다

틱낫한 스님

292

모든 것이 다 통해

수행을 하다 보면
다 통하게 되어 있어

마음도 좋고 몸도 좋고
지혜도 오고

행동과 견해도 좋아지고
생각도 바르게 됩니다

수행을 제대로 하면
그 하나에서 모든 것이
다 통하게 됩니다

아신 빤딧짜 스님

293

구할 것이 없다

안이니 밖이니 하는 관념을 넘어설 때
얻고자 하는 것들이
이미 우리 안에 있음을 안다

그것을 시간이나 공간에서
구할 이유가 도무지 없다

구할 것이 따로 없음에 대해
명상하는 것은 매우 중요한 일이다

우리는 아무것도 성취할 필요가 없다
우리는 이미 그것을 가지고 있다
우리가 이미 그것이다

틱낫한 스님

294

미묘한 향

성 안 내는 그 얼굴이
참다운 공양구요
부드러운 말 한마디
미묘한 향이로다

깨끗해 티가 없는
진실한 그 마음이
언제나 한결같은
부처님 마음일세

문수보살게송

295

알아차림으로 화를 안아

우리 모두는 까다로운
감정을 가지고 있는데

그 감정에 휘둘리게 되면
심신이 고달프게 됨을 느끼게 될 것이다

감정은 우리가 보살피는 법을 모를 때
더 강해진다

우는 아이를 어머니가 두 팔로 안아 주듯
알아차림으로 화를 안아 주면
즉시 고통이 경감된다

틱낫한 스님

296

수행

모든 상은 허망하여
번뇌가 본공이라

인식하는 마음만
존재함을 안다면

수행은 일사천리
용광로 불꽃속엔
순금만 남으리라

지운 스님

297

외로운 사람

진지한 동기와 관심을 갖고
다른 이를 도우면

복이 커지고
친구가 많아지고
미소가 많아지고
더 큰 성공을 거두게 된다

다른 이의 권리를 잊고
다른 이의 안위를 무시하면
결국 몹시 외로운 사람이 된다

달라이 라마

298

덕 있는 사람

덕 있는 사람은
모든 이에게 소중하다

덕성과 통찰력을 갖추고
진리에 확고하며
진리를 실현하고

자신의 의무를 이룩한 사람은
모든 이들에게서 사랑받네

법구경

299

사랑스런 말

보시는
길들여지지 않는 자를
길들이고

보시는 일체의 이익을
성취하게 하는 것

보시하는 것과
사랑스런 말로써

그들은 머리를 들고
그리고 머리를 숙인다

청정도론

300

진리의 목적

받아들이기 명상을 할 때
가장 중요한 것은

내 삶에 등장하는
어떤 사건도 어떤 사람도
모두 진리의 목적을 가지고 있다고
믿는 것입니다

이 세상에서 일어나는 일들은
모두가 인연 따라 생겨나는 것입니다

비록 그것이 싫고 힘든 것이라 해도
있는 그대로 받아들여야 합니다

마가 스님

태곳적 고요	일체 깨달음
자유로워야 한다	보물을 찾아 준 분
생사도 본래 꿈	원망과 비판
현재 잘 살기	눈 녹듯
진실을 김매듯	최고의 인간
청정한 삶	진짜 기적
차는 왜 마시는가	생활 수행 완성
영혼의 향기	무상 무아 공
고귀한 길	무소의 뿔처럼
물 위의 발자국	평화와 기쁨
인연 따라	내 생명의 가치
혼자서 가라	자기답게 살라
그저 있는 그대로	평화의 씨앗
성성 적적	참된 집
선과 악은 당신 안에	열반에 이르다
독의 근본	무심은 무집착
깨달음, 자비, 사랑의 길	깨달음의 지혜

물 한 잔
당당한 나무
오직 마음뿐
자기 삶을 지켜보라
묵묵히 나의 길을
생명과 접촉
마음 적시네
모두가 흩어진다
새롭게 명상하라
끝없는 하늘에서
지혜와 사랑
생사도 한마음
알아차림과 선정
단순함과 간소함
텅 빈 마음 공간
마음 챙김 등
쉼도 쉬어

행복의 결정권
알아차림만 또렷이
모든 것이 완전하다
선과 악이 때가 이르면
수행 지침서
드높은 영혼
능숙한 알아차림
갈애를 소멸
여기, 바로, 지금
고요한 수면에
삼매 수행
가슴속에 살아 있다
맑은 물
나의 눈물겨운 가족

301

태곳적 고요

눈을 떴다 감아도
허공을 투과하는 햇빛
바람을 느끼지 못하게
꼼짝 않는 산

돌탑은 어제였던가
햇빛 잡고
산 잡고
허공 잡고
중심 잡아 주는 무게

처음과 끝을 알 수 없어
안과 밖 끊겼네

지운 스님

302

자유로워야 한다

자유는 모든 행복의 바탕이다
자유 없이는 행복도 없다

절망과 원망, 질투와 두려움으로부터
자유로워야 한다

좀 더 자유로워지고
좀 더 견고해지도록
도와주는 수행이야말로
진정한 수행이다

틱낫한 스님

303

생사도 본래 꿈

무지의 잠에서
꿈꾸는 오염된 마음

생사의 괴로움
헛되이 일으키나니

생사도
본래 꿈인줄 알아

꿈을 깨고
잠을 깨어 보라

생사生死도 불사不死도
같은 한마음

지운 스님

304

현재 잘 살기

우리가 현재 순간을 잘 살면
미래를 지금 여기로 가져와
계획을 세울 수 있다

과거와 미래는 현재 순간에 담겨 있다
미래를 이루는 유일한 요소는 현재다

현재를 잘 사는 것이
미래를 위해 할 수 있는 일의 전부다

현재를 잘 살 수 있는 것으로
이미 너는 미래를 이루고 있다

틱낫한 스님

305

진실을 김매듯

신앙은 내 씨앗이고
고행은 비이며
지혜는 내 멍에와 쟁기이고

부끄러운 마음은 쟁깃대며
의지는 밧줄이고
사념은 내 쟁깃날과 고무래다

나는 몸을 조심하고
말을 삼가며 음식을 절제하여
과식하는 일이 없다

나는 진실을 김매듯 가꾸고
온유함은 내 멍에를
벗어 버리는 것을 뜻한다

숫타니 파타

306

청정한 삶

활기찬 마음을
지녀야 한다

쓸데없이 많은 것을
생각해서는 안 된다

번뇌 없이 집착함이 없이
오직 청정한 삶을
궁극의 목표로 삼으라

숫타니 파타

차는 왜 마시는가

한 잔의 차
달빛 같이 알아 차려
내면 깊숙이 울리나니

한 송이의 차 꽃에서
한 잔의 차 맛에서

어둠 속 불 빛 처럼
깨어나는 마음이여
허공 같고 거울 같구나

수억 년 먼 눈 깨우고
죽은 생명 살아 나는
우주의 아름다운 춤사위라

지운 스님

308

영혼의 향기

행복은 절제에 뿌리를 두고 있다
생각이나 행동이 지나친 것은
행복을 침식한다

사람끼리 만나는 일에도
이런 절제가 있어야 한다

그러므로 따뜻한 마음이
고였을 때 그리움이 넘쳐 날 때
영혼의 향기가 배어 있을 때
친구도 만나야 한다

습관적으로 만나면
우정도 행복도 쌓이지 않는다

법정 스님

309

고귀한 길

수행자여! 과거 깨달은
임이 거닐던 그 길은 무엇인가?
그것은 바로 여덟 가지 고귀한 길이다

올바른 견해 올바른 사유
올바른 언어 올바른 행위
올바른 생활 올바른 정진
올바른 알아차림 올바른 집중이다

이것을 잘 가르친다면
이 청정한 삶이 번영하고 풍성해지며
널리 알려져 발전할 것이다

도시의 경

310

물 위의 발자국

차 맛 취해
좋고 싫음 낸 마음
진흙 위 발자국 같아
무명 사냥꾼에 발견되리

차 맛 흐름이여
고양이 쥐 잡듯 의식 깨어나
물 위 발자국이라
과거 미래 현재의 윤회
관통하니

새벽하늘 밝아 오듯
청명한 빛 허공에 나는 새
흔적 같네

지운 스님

311

인연 따라

고통도 인연 따라 생기고
행복도 인연 따라 생기며
깨달음도 인연 따른다네

차茶 맛이여
선禪 맛이여

어떤 인연으로
일미一味의 눈 열꼬

지운 스님

312

혼자서 가라

소리에 놀라지 않는
사자처럼

그물에 걸리지 않는
바람처럼

진흙탕에 물들지 않는
연꽃처럼

무소의 뿔처럼 혼자서 가라

숫타니 파타

313

그저 있는 그대로

나는 사회나 자연이나 신에 대해
어떤 계획도 갖고 있지 않습니다

나는 그저 있는 그대로의
나 자신일 뿐입니다

나는 이 순간을 삽니다
과거는 기억이고
미래는 기대에 불과합니다

나는 살아 있음을 사랑하며
변화와 새로움을 좋아합니다

나는 나의 존재를 자각하며
모든 것이 잘되리라는 것도 압니다

헨리 데이비드 소로

314

성성 적적

마음 공간 확장하면
한 생각도 일어나지 않아

성성惺惺하게 깨어 있고
적적寂寂하여 고요하고

삼매와 혜안慧眼의 바탕
사랑과 연민의 바탕

허공같은 그 마음
불변이요 무변이라

거울같은 수연 지혜
환하게 나타나리

지운 스님

315

선과 악은 당신 안에

악에 맞서 싸우는
선의 전쟁터로 당신을
들여보내지 마라

선과 악, 둘 다
당신 안에 있는 것이다

악이 선으로 바뀔 수 있고
선도 악으로 바뀔 수 있다

틱낫한 스님

316

독의 근본

분노를 끊으면
편안히 잘 수 있고
분노가 없어지면
걱정이 없다

분노는
모든 독의 근본이다

지혜로운 이는
분노를 없애고
편안함을 얻는
수행을 한다

출요경

317

깨달음, 자비, 사랑의 길

부처님이
완전한 깨달음에 이르신 것은
고통을 많이 겪으셨기 때문이다

고통을 통해 우리는
깨달음의 길 자비의 길 사랑의 길을
볼 수 있다

우리의 슬픔, 아픔, 고통의 본성을
깊이 꿰뚫어 볼 때

비로소 그곳에서 나오는 출구를
찾을 수 있다

틱낫한 스님

318

일체 깨달음

경계가 공하니
경계의 바람 사라지고

마음의 파도
잠잠해 지니
마음 자체의
고정된 실체가 없음
드러 나네

모를 때는 번뇌지만
알고 보니 공이로다
공의 뜻이 깨달음이라
일체 모든 것이
깨달음 아님이 없네

지운 스님

319

보물을 찾아 준 분

내 허물을 지적하고 꾸짖어 주는
지혜로운 사람을 만났거든
그를 따르라

그는 감추어진 보물을 찾아 준
고마운 분이니 그를 따르라

그런 사람을 따르면
좋은 일이 있을 뿐
나쁜 일은 결코 없으리라

법구경 현철품

320

원망과 비판

힘든 일을 맡는 자 반드시
원망을 감내해야 하고

일하는 자는 반드시
비판과 직면하게 된다

원망의 말 아래에는
자비인욕이 있고
비판의 가운데는
금욕이 숨어 있다

성엄 스님

321

눈 녹듯

숨어 있는 인아산人我山
높고도 웅장하다
가까이선 그 모습 못 보니
멀리서 보아야 그 정체
드러나네

감정 생각 덧붙이지 않고
의미 부여 하지 않고 다른 것과
결부시키지 않으면

눈앞에 나타나는 것
바위처럼 견고해도
뜨는 해 눈 녹듯
반드시 사라지리

지운 스님

322

최고의 인간

길 가운데 최고의 길은
팔정도八正道요

진리 가운데 최고의 진리는
사성제四聖諦다

그리고 최고의 경지는 해탈이요,
인간 가운데 최고의 인간은
깨달은 사람이다

법구경

323

진짜 기적

사람들은 물 위를 걷거나
공중에 뜨는 것을 기적이라고 생각한다

하지만 진짜 기적은
물 위를 걷거나 공중에 뜨는 것이 아니라
땅 위를 걷는 것이다

우리는 온갖 기적들 속에 파묻혀 살면서
그것들을 알아보지 못한다

파란 하늘, 흰 구름, 초록색 나뭇잎,
호기심으로 반짝이는 아이의 검은 눈동자

그리고 그것들을 보는 우리의 두 눈,
이 모두가 진짜 기적이다

틱낫한 스님

324

생활 수행 완성

나에게 이익이 될까를
계산하지 말고
(무아상)

두려움 없이 분별하지 말고
(무외, 무분별)

그저 통째로 받아들여
(섭수, 수용)

매 순간 경험함으로써
(관, 깨어 있음)

생활 수행은 완성된다

법상 스님

325

무상 무아 공

깨어 있는 숨쉬기는
모든 명상으로 들어가는 문이다

그것은 존재하는 모든 것의
덧없음(無常) 비어 있음(空)
자아 없음(無我) 둘이 아님(不二)에 대한
깨달음으로 우리를 이끈다

깨어 있는 숨쉬기는
우리가 취할 수 있는
가장 안전하고 확실한 길이다

틱낫한 스님

326

무소의 뿔처럼

이익을 꾀하여 사귀고
또한 의존하니

오늘날 조건 없이 사귀는
벗들은 보기 드물다

자신의 이익에만 밝은 자는
청정하지 못하니

무소의 뿔처럼
혼자서 가라

숫타니 파타

327

평화와 기쁨

우리는 행복이 미래에 있다고 생각한다

그러나 행복을 위해 필요한 조건들은
이미 완벽하게 갖추어져 있다

다만 우리 자신이 지금 이 순간에
현존하도록 할 필요가 있다

그때 우리는
진정한 평화와 기쁨을
맛볼 수 있을 것이다

틱낫한 스님

328

내 생명의 가치

지금 여기서
숨을 쉬고 있는 내가
가장 소중한 존재입니다

내 마음의 주인이 되어
늘 깨어 있는 상태

내 마음을
선하고 맑은 곳으로
이끌어 가는 것이
내 생명 가치를
더 높이는 일입니다

마가 스님

329

자기답게 살라

과거나 미래 쪽에 한눈을 팔면
현재의 삶이 소멸해 버린다

보다 직설적으로 표현하면
과거도 없고 미래도 없다
항상 현재일 뿐이다

지금 이 자리에서
최선을 다해 최대한으로 살 수 있다면
삶과 죽음의 두려움도 발붙일 수 없다

저마다 서 있던 자리에서
자기 자신답게 살라

법정 스님

330

평화의 씨앗

세상에 난초와 국화를 가꾸는 일에
기쁨을 느끼는 사람은 많다

그러나 자신의 몸과 마음을 가꾸는 일에
기쁨을 갖는 사람은 드물다

물건을 나누면 적어지지만
마음은 나누어도 적어지지 않는다

물건은 싸움의 원인이 되고
마음은 평화의 씨앗이 된다

청담 큰스님

331

참된 집

지금 이 순간이 너의 참된 집이다
그것은 시간과 공간 인종 민족에
구애받지 않는다

너의 참된 집은
추상적 관념이 아니라
매 순간 살아 낼 수 있는 그 무엇이다

마음 챙김과 집중으로
현재 순간에 몸과 마음을 쉼으로써
너의 참된 집을 발견할 수 있다

틱낫한 스님

332

열반에 이르다

무지에 굴복하지 말라
쾌락이나 헛된 야망에
빠지지 말라

명상 속에서 언제나
깨어 있는 사람은
마침내 저 기쁨의 절정인
니르바나, 열반에 이르게 된다

법구경

333

무심은 무집착

집착을 버리라고?
마음에서 집착을 버릴 수는 없다

마음이 있는 한
집착은 계속되나니

집착을 버리려는
그 마음을 버려라

마음 없음(無心)이면
그대로 무집착이다

법상 스님

334

깨달음의 지혜

내면에서 올라오는
생각, 집착, 화, 욕망을
타파하려 애쓰지 말라

그것들과 싸우려 하거나
거부하거나 외면하지도 말라

다만 그것들이 거기에 있음을
인정하고 받아들이면
쉽게 사라질 것이다

이 같은 것들이 사라질 때
깨달음의 지혜가 선물로 남는다

법상 스님

물 한 잔

물 한 잔 마시면서 자기가
지금 물 마시고 있음을 알 때
거기에 마음 챙김이 있다

자기가 지금 앉고 서고 걷고 있음을 알 때
우리는 우리 안에 있는
마음 챙김 씨앗에 물을 주는 것이다

그렇게 며칠만 지나도
마음 챙김 능력이 건강하게 자랄 것이다

틱낫한 스님

336

당당한 나무

새싹을 틔우고 잎을 펼치고
열매를 맺고 그러다가
때가 오면 훨훨 벗어 버리고
빈 몸으로 겨울 하늘 아래
당당하게 서 있는 나무

새들이 날아와 품에 안겨도
그저 무심할 수 있고
폭풍우가 휘몰아쳐 가지 하나쯤 꺾여도
끄떡없는 요지부동

곁에서 꽃나무가 있어
나비와 벌들이 찾아가는 것을 볼지라도
시샘할 줄 모르는 의연하고 당당한 나무

나무처럼 복잡한 분별 없이
단순하고 담백하고 무심히
살 수 있으면 얼마나 좋을까

법정 스님

337

오직 마음뿐

가도 가는 줄 모르고
먹어도 먹는 줄 모르니
그냥 습관에 따를 뿐

마음에 눈이 없고
귀가 없고 코가 없고
혀가 없고 몸이 없고
감정 없고 생각 없고

오직 마음뿐
가도 가도
다른 경계가 없어라

그 모습
삼매 심일경心一境
도낏자루 썩는 줄 몰라

지운 스님

338

자기 삶을 지켜보라

행복할 때는
행복에 매달리지 말라

불행할 때는
이를 피하려고 하지 말고
그냥 받아들이라

그러면서 자신의 삶을
순간순간 지켜보라
맑은 정신으로 지켜보라

법정 스님

339

묵묵히 나의 길을

나는 나의 길을 가야 한다
남과 비교하지 말고
한발 한발 내딛어라

이번 생은 전생에 뿌린 결과이고
이번 생은 다음 생을 위한
씨앗을 뿌리는 삶이여야 한다

서두르지 말고 묵묵히
나의 길을 가야 한다

마가 스님

340

생명과 접촉

명상 수행의 핵심은
지금 여기에 현존하는 힘을 길러
언제 어디서나 이 순간에 살아 있는
생명과 접촉하는 것이다

우리는 우리 자신을 위해
여기 있어야 한다

명상 수행의 메시지는 분명하다
너를 위해 내가 여기 있다

틱낫한 스님

341

마음 적시네

차향의 모습 사랑하여
지인들에게 자랑했더니
어느 날 차향이
슬그머니 달아났네

뜬눈 세워 찾았더니
허공 속에 숨었구나

차향도 그립던지
그윽한 향기
마음 적시네

지운 스님

342

모두가 흩어진다

세상에 태어난 것이란 죽고야 말고
목숨이 길다 해도 끝이 있나니

성한 것은 반드시 쇠하여 지고
모인 것은 마침내 흩어진다네

젊었던 나이라도 오래 못 가고
건강에는 병고가 침노하나니

이 목숨은 죽음이 빼앗아 가서
항상 있는 법이라곤 하나도 없네

아함경

343

새롭게 명상하라

홀로 명상하라
모든 것을 놓아 버려라
지난 것을 기억하려 들지 마라
기억에 매달리면
다시는 홀로일 수 없으리라

그러므로 저 끝없는 고독
저 사랑의 아름다움 속에서
그토록 순결하고
그토록 새롭게 명상하라

그러면 시들지 않는
천복이 있으리라

법정 스님

344

끝없는 하늘에서

직관과 사유의 계단 따라 올라가니
하늘 허공에 꽃피워 향기 맡고 희희낙락
끝 보이지 않는 하늘에서 이미지 번뇌 내려오네

텅 비어 끝없는 허공에 시선 두니
모든 형상, 모든 분별이 아침 이슬이라

허공을 아는 텅 빈 마음만 남았네
그 마음, 무분별의 본래 고향 가는 길이라오

지운 스님

345

지혜와 사랑

배우기를 싫어하지 않고
가르치기를 게을리하지
않는다

배우기를 싫어하지
않는 것은 지혜이고

가르치기를 게을리하지
않는 것은 사랑입니다

맹자

346

생사도 한마음

무지의 잠에서 꿈꾸는
오염된 마음

생사生死의 괴로움
헛되이 일으키나니

생사도 본래
꿈인줄 알아

꿈을 깨고
잠을 깨어 보라

생사도 불사도
같은 한 마음

지운 스님

347

알아차림과 선정

낙담하지 말고
지혜와 공덕을 쌓고

알아차림과 선정을 통해
자제력을 기르고

나와 남을 동등하게 여기고
나를 남과 바꾸는
수행을 하십시오

입보리행론

348

단순함과 간소함

행복은
결코 많고 큰 데만 있는 것이 아니다

작은 것을 가지고도
고마워하고
만족할 줄 안다면
그는 행복한 사람이다

여백과 공간의 아름다움은
단순함과 간소함에 있다

법정 스님

349

텅 빈 마음 공간

만족이란 갈망해 온 것을
모두 가진 것이 아니라

지속적이고 끈질긴 욕망이
완전히 사라진 마음 상태이다

그러므로 만족하기 위해서는
텅 빈 마음 공간을 만드는 일이다

아남 툽텐 린포체

350

마음 챙김 등

우리 안에는 등이 하나 있다
마음 챙김이라는 등이다

우리는 그것을 언제든지 밝힐 수 있다
우리의 숨, 발걸음, 평화로운 미소가
등을 밝히는 기름이다

우리는 마음 챙김이라는 등을 밝혀
그 빛으로 안팎의 어둠을 몰아내야 한다

그 등을 밝히는 것이 우리의 수행이다

틱낫한 스님

351

쉼도 쉬어

그냥
보고 듣고 느끼고 알아
숨어 버리는 의도

의도 따르는 기운도
잠든 아기 모습하고

넌지시 일러 주는
기운 타는 암시도

몸도 입도 생각도
움직이지 못하니

고요함이여
풍광을 덮고
마음을 덮고
쉼도 덮어

지운 스님

352

행복의 결정권

지금 행복한가 아닌가가
중요한 것이 아니다

행복이란 단순히 행복할
것인가 말 것인가에 대한
나의 선택일 뿐이다

행복의 조건이 얼마나 충족되었는가는
문제가 되지 않는다

행복의 결정권은 언제나
당신에게 있다

법상 스님

353

알아차림만 또렷이

숨을 들이쉴 때는
온전히 들이쉬고
내쉴 때는 그 호흡에 집중하며

그때에 일어나는 감각
입가에 스치는 입김의 기운을 느낍니다

호흡은 자연스럽게 일어나도록 내버려두고
다만 '알아차림'만 또렷하게
살아 있게 하십시오

마음이 안정될수록
몸도 안정이 될 것입니다

마가 스님

354

모든 것이 완전하다

세상에는 더 이상
좋은 것도 싫은 것도 없다
애착할 것도 없고 거부할 것도 없다
가지거나 버릴 것도 없다

모든 것은 그저 지금 있는
그대로의 모습으로서 완전하다

가지려고 하지도
없애려고 하지도 않는다

이대로 좋다
지금 이대로 아무런 문제가 없다

법상 스님

355

선과 악이 때가 이르면

그 악이 아직 때가 되기 전에는
악한 사람도 복을 받는다

그러나 그 악이 때가 이르면
스스로 지은 죄를 받는다

그 선이 아직 때가 이르기 전에는
착한 사람도 화禍를 당한다

그러나 그 선이 때가 이를 때에는
반드시 그 복을 받을 것이다

법구경

356

수행 지침서

마음 거울 빛나
꿰뚫어 알면
너와 내가 평화로운
평등한 세상

유정 중생은 헛된 분별
속에서 불평등 당하니
붓다의 큰 연민이
저절로 일어 나네

깨친님 가신길
우리도 본받아
수행자 모두 '눈뜬님'
되시길 기원합니다

지운 스님

357

드높은 영혼

행복은 늘 단순한 데 있다
행복하려면 조촐한 삶과
드높은 영혼을 지닐 수 있어야 한다

몸에 대해선 얼마나 애지중지하는가
그러나 정신의 무게와 투명도에 대해서는
거의 무관심하다

내 정신이 깨어 있어야 한다
깨어 있는 사람만이
자기 몫의 삶을 제대로 살 수 있으며
삶의 질을 높여 갈 수 있다

법정 스님

358

능숙한 알아차림

무엇이 능숙한
알아차림입니까?

열성을 가지고 온전한
깨어 있음과 알아차림으로
세상에 대한 탐욕과
낙담을 던져 버리고

몸을 몸으로 느낌을 느낌으로
마음을 마음으로
담마를 담마로 관찰하며
머무는 것입니다

맛지마 니까야

359

갈애를 소멸

죽음이 오기 전에
모든 것을 쉬어

고요하고
갈애를 소멸한 사람은

과거에도 집착하지 않고
미래에 어떻게 될 것인지도
걱정하지 않고 현재에도
집착하지 않는다

이와 같은 사람은
좋고 싫음을 떠났다

숫타니 파타

360

여기, 바로, 지금

여기, 바로, 지금,
이 자리에 있는 진리를 보라
그대가 원하는 곳이면 어디든지 가 보라
이 도시로, 저 산으로

그러나 그대 영혼을 찾지 못한다면
세상은 여전히 환상에 지나지 않으리

저마다 의미를 채우는 삶이 되어야 한다
의미가 없는 삶은
어떠한 화려한 인생이라 할지라도
마침내 빈껍질로 남으리라

법정 스님

361

고요한 수면에

나무, 바람, 새, 산
그리고 우리 안팎에 있는 모든 것이
우리 안에서 제 모습을 보여 주고 싶어 한다

진실을 알고자 어딘가로 갈 필요가 없다
그냥 가만히 있으면 된다

만물이 우리 마음의 고요한 수면에
제 모습을 보여 줄 것이다

틱낫한 스님

362

삼매 수행

들숨 날숨에 알아차림과
삼매를 닦고 수행을 하면

전적으로 고요하고
수승하며 순수하고
행복하게 머물게 되며

나쁘고 해로운 생각들이
일어나는 즉시
사라지며 가라앉게 된다

붓다

363

가슴속에 살아 있다

저 허공에 아무런 흔적이 없듯이
수행자는 겉치레를 멀리하고
그 자신 속에서
내면의 길을 찾아야 한다

이 모든 것들 덧없이 변해 가나니
그러나 깨달은 이는
영원히 이 가슴속에 살아 있다

법구경

364

맑은 물

마음의 찌꺼기들을 가라
앉히는 가장 좋은 방법은

애쓰지 않고 그냥 그것을
놔두는 것이다

충분히 시간이 지나면
앙금은 가라앉고
맑은 물을 얻게 된다

구나라타나 스님

365

나의 눈물겨운 가족

수억 겁을 이어 가는
윤회의 세월 속에서

당신은 그 언젠가 내가
슬피 울며 떠나보내야 했던
내 부모이며 배우자이자
아들이며 딸이다

만나는 모든 이가
나의 눈물겨운 가족이다

사랑합니다
나의 가족!

법상 스님

에필로그

지난 2년 동안 '삶과 명상'이라는 주제로 카톡과 메시지를 통해 많은 분들께서 소통하고 격려하고 응원해 주셨습니다.

전 직장 선후배 동료분들, 학교 선후배 동창분들, 한국불교법사대학 박지일 학장님과 동문 여러분, 붓다나라 중각 스님과 법우님들,

양지 불교 법우회 김형래 회장님과 법우님들, 불교 인재원 엄상호 이사장님과 이사님들 해주 오씨 대종종친회 오세영 회장님과 고문님들, 모든 분들께 고맙고 감사하다는 인사 말씀 드립니다.

이번 단행본 출판과 관련하여 추천사와 여러 편의 선시禪詩를 보내 주신 보리마을 자비선 명상원 선원장이시며 한국차명상협회 이사장님이신 지운 스님께 진심으로 감사의 말씀 올립니다.

한편 대학원 공부 시간에 쫓기면서도 원고 작성과 수정, 보완 등 최종 마무리를 잘해 준 유문아 외손녀가 자랑스럽고 단둘이 살면서 2년 동안 식탁을 송두리째 내주고도 그냥 미소로 응원해 준 사랑하는 아내 임숙정 여사에게 미안하고 고맙다는 말을 전해 주고 싶습니다.

참고 문헌

1. 『살아 있는 것은 다 행복하라』
   법정 잠언집, 류시화 엮음
   2006. 2. 15. 1판 1쇄 발행
   펴낸 곳: 조화로운 삶

2. 『너는 이미 기적이다』
   지은이 틱낫한, 옮긴이 이현주
   2017. 2. 10. 초판 발행
   펴낸 곳: 불광출판사

3. 『눈부신 오늘』
   법상 지음
   2015. 5. 12. 1판 발행
   펴낸 곳: 마음의 숲